アジアの人々が見た
太平洋戦争

Pacific War that Asian people have experienced

小神野真弘 *Text by Masahiro Ogamino*

彩図社

はじめに

これまで、どれくらいの数の太平洋戦争にまつわる本が書かれてきたのだろう。書籍だけではない。テレビで、インターネットで、講演で、あらゆる媒体で太平洋戦争は論じられ、研究が続けられている。その営みが絶えないということは、戦後約70年が経ってなお、日本人のアイデンティティにおいてあの戦争が極めて重要な意味をもつことの証明である。

しかしながら、いまだに太平洋戦争に対する評価は定まっていない。

1941年12月8日に始まったあの大戦争は、地球の表面積の約8分の1にあたる、東アジアと南太平洋の広大な領域を戦場にした。日本は開戦と同時に東アジアへ進出し、それまで欧米の植民地だったインドネシアやフィリピン、ビルマ（現在のミャンマー）などを占領し、軍による統治を行なった。

大多数のマスメディアや学校教育は「アジアの人々を苦しめ、搾取した『侵略』だった」と断じることが多い。

一方で、近年とくに述べられるようになった言説が「欧米の植民地支配に苦しむアジアの人々を独立に導いた『解放』だった」というものだ。

侵略と解放。

この相反する評価のどちらが正しいのか。それを検証することが本書の目的である。

しかし、それをする上で直面する問題がある。侵略だったと考える人々が語ることも、解放だったと考える人々が語ることも、ある一定の真実なのだ。

アジア各地に駐屯した日本軍は食糧や物資を「現地調達」することが定められていた。そのような向こう見ずな戦略は、アジアに飢餓や物不足を蔓延させ、多数の死者を出した。また、地域によっては日本軍の手で数万人規模ともいわれる粛清が行なわれたのも事実だ。

こうした事例を挙げ、日本軍の罪を糾弾することは、それをする人々にとってアジアに対する贖罪《しょくざい》であり、まぎれもない善意からの行為だろう。

けれど、日本軍が現地のインフラを整備したり、教育を普及させたり、植民地支配からの独立の契機をつくったりしたというのもまた事実。日本軍を侵略者として批判する人々の言説はそれを無視する傾向が強い。

そしてその傾向は、日本軍を解放者として肯定する人々にもいえることだ。日本軍が引き起こした飢餓や粛清に関しては極めて口数が少なくなる。

日本側の視点で見る限り、立場や主義によってあの戦争のイメージはがらりと変わってしまうのだ。

そこで本書では、可能な限りアジア諸国側の視点を盛り込みながら、アジアにとって太平洋戦争がどんな戦争だったか、そしてアジアにとって日本軍がどんな存在だったかを眺めていく。そうすることによって、太平洋戦争を客観的に俯瞰《ふかん》することができ、公平な評価ができるはずだ。

第1章から第4章までは、日本が占領した諸地域からインドネシア、フィリピン、ミャンマー、マレーシア・シンガポールを章ごとに取り上げる。

第5章では直接占領を行なったわけではないが、対イギリス独立闘争において日本と密接な関係にあったインドを、第6章では太平洋戦争中のアジアにおいて数少ない独立国であり、日本と同盟国だったタイ王国をそれぞれ扱う。

そして第7章では総括として日本がアジアとどう向き合っていたかを検証していく。日本とアジアの関係を語る上で欠かすことのできない中国・韓国・台湾だが、中国は交戦国であり、韓国と台湾は日本の領土だった点において、解放と侵略という観点から論じきれるものではないので、また別の機会に検証したい。

アジアの視点に立ったとき、太平洋戦争は私たちの知らない側面を見せる。

それは無数の物語だ。大国同士の衝突の狭間に揺れながら、したたかな強さを見せる被支配者たちがいた。国籍を超えた友情に命を賭けた軍人たちがいた。戦争という極限状態が生んだ想像を絶する残酷さがあった。

それを知ることは、私たち日本人のアイデンティティを再確認するうえでも決して無意味ではないはずだ。

第2章
フィリピン
〈戦前の呼称：アメリカ領フィリピン〉

第3章 ミャンマー

〈戦前の呼称：ビルマ〉

第4章 マレーシア・シンガポール
〈戦前の呼称：イギリス領マラヤ〉

第5章

インド

〈戦前の呼称：イギリス領インド〉

189

第6章

タイ王国

〈戦前の呼称：タイ王国〉

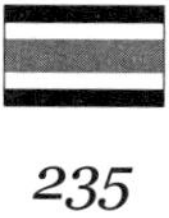

第1章

インドネシア

〈戦前の呼称：オランダ領東インド〉

Data of During the Pacific War

首都：バタヴィア（ジャカルタの旧称）
宗主国：オランダ
成立：1800年※1
人口：7017万5000人（1940年）※2
主な言語：マレー語など、地域によって異なる
主な宗教：イスラム教

※1：オランダは1602年のオランダ東インド会社の設立とともにインドネシアの支配に乗り出したが、1800年、同社は解散し、代わりにオランダ本国に東インド政庁が置かれた。公的にはこれ以降がオランダ領東インド時代にあたるが、インドネシア人たちは1600年代から支配されたことを指してオランダ統治を「300年」（または350年）とすることが多い。
※2：History Database of the Global Environment (2006)を引用。

The present data

首都：ジャカルタ
独立：1945年8月17日
国土面積：191万9317km²
人口：2億6110万人（2016年）
主な言語：インドネシア語
主な宗教：イスラム教

1 なぜインドネシアの人々は日本軍を熱狂的に歓迎したのか？

【オランダの圧政からの解放】

◆300年間以上も続いたオランダの支配

1942年1月11日。太平洋戦争の火蓋が切って落とされてから約1ヶ月後のこの日、当時は「オランダ領東インド」と呼ばれていたインドネシアのセレベス島（現スラウェシ島）上空を飛行していた輸送機から無数の影が飛び降りた。

落下する影はパラシュートを散開し、ゆっくりと降下を始める。その数は334。日本海軍空挺《くうてい》部隊による本格的なインドネシア攻略戦の狼煙だった。

空挺部隊は島の西岸と東岸から上陸した海軍陸戦隊と合流し、ほぼ損害を出さないままオランダ軍の飛行場を制圧。その後も破竹の進撃を続け、1月中にはセレベス島とボルネオ島、2月中には世界有数の石油産地があるスマトラ島をほぼ手中に収めた。

そして3月1日、インドネシアの首都ジャカルタ（当時の呼称はバタビア）があるジャワ本島へ攻撃を開始し、3月9日、8万5000人もの兵力を誇ったオランダ軍を無条件降伏に追い込んだのである。

日本軍の強さを過小評価していたオランダ人たちは驚愕したが、それ以上に心を揺さぶられたのは、オランダ人の支配を受けていたインドネシアの人々だった。

セレベス島に降下する海軍の落下傘部隊。（出典：国立国会図書館蔵　鉄道工学会『大東亜共栄圏写真大観』1943）

かつてインドネシアの陸軍中将を務めた[※1]アラムシャはこんなことを述べている。

「我々インドネシア人は、オランダの鉄鎖を断ち切って独立すべく、350年間に亘り、幾度か屍山血河《しざんけつが》の闘争を試みたが、オランダの狡知なスパイ網と強靭な武力と過酷な法律によって圧倒され、壊滅されてしまった。それを日本軍が到来するや、たちまちにしてオランダの鉄鎖を断ち切ってくれた。インドネシア人が歓喜雀躍《かんきじやくやく》し、感謝感激したのは当然である」

たしかに日本軍を迎えたインドネシアの人々の熱狂ぶりは凄まじかった。

インドネシア第二の都市スラバヤに入城する日本軍を迎えるインドネシア民衆。スラバヤはオランダ植民地時代には重要な商業港のひとつだった。(出典:『アサヒグラフ1942年4月8日号』朝日新聞社)

民衆は街頭に溢れかえり、進軍してきた日本兵を取り囲んでは親指を突き立てて歓声を上げた。親指を突き立てる仕草は現地語で「ジュンポール」といって最大限の喜びを示すサイン。さらには食べ物や飲み物を振るまい、日本兵の労をねぎらったという。

しかしながら、よく考えてみるとこの歓迎ぶりにはひとつの疑問がよぎる。

確かに日本軍はオランダの植民地支配を終焉させたが、当時の日本はファシストと呼ばれ、連合国側から世界の平和を乱す軍国主義国家と批判されていた。オランダと同様に、インドネシアの支配に乗り出すとは思わなかったのだろうか。

この疑問を突き詰めていくと、17世紀から20世紀中頃まで世界を席巻していた欧米の植民地主義の実態と、支配下に置かれていた国々の苦しみが見えてくる。

◆白人が〝神〟だった時代

先述の通り、オランダの植民地支配は300年以上にも及んだ。これは江戸幕府が存続した期間よりも長く、民衆の尊厳や歴史、人格を奪い去るには十分すぎる時間だった。

インドネシアの歴史は古い。インドネシアが存在する東インド諸島には4世紀頃に興ったタルマ国を筆頭にさまざまな国家が築かれ、やがて13世紀にモジョパイト王国が興ると、インドネシア史上最高とされる黄金時代が築かれた。

その後、アラブ商人から伝播《でんぱ》したイスラム教の王朝が栄えるが、大航海時代の始まりとともに暗雲が立ち込める。

大航海時代の原動力となったのは、胡椒を筆頭としたアジアで産出される香辛料だ。インドネシアにはクローブやナツメグといった、ここでしか採れない香辛料が存在し、ヨーロッパ諸国からすればまさしく宝の山だった。

オランダがインドネシアに進出を開始したのは17世紀初頭のこと。東インド会社を設立し、1609年に香辛料の産地であるモルッカ諸島を掌握。その後も急速に勢力を伸ばし、ジャワ島やスマトラ島の国々を次々と属国化していく。

そして1830年代に東インド諸島全域の植民地化を果たしたのである。※2

オランダの植民地政策は、一言で評するなら「合理的」という言葉がしっくりとくる。

そして、それゆえに得体の知れない畏怖を抱かずにはいられない。その実態は人が人を家畜化していくプロセスにほかならないからだ。

オランダはインドネシア農民の土地を奪い、コーヒーやサトウキビ、染色に利用する藍《あい》など、利益率の高い作物をつくらせる「強制栽培制度」を開始した。それまで見渡すかぎりに広がっていた水田は畑に変わり、その結果、あちこちで飢饉が起き、人口が半減する地域もあったという。

こうして得られた作物の利益はオランダ政府や、オランダの息のかかった華僑《かきょう》がすべて吸い上げ、インドネシアの人口中0・5パーセントに満たないオランダ人が総生産の約65パーセントを独占するという現代の感覚からすると異常な社会が形作られた。

さらにオランダの植民地支配を象徴するのが徹底的な愚民政策だ。

農業をするだけならば教育は必要ない。そのためオランダはインドネシア人に教育を施さず、民衆を文盲のままにした。知識階級が生まれることで独立心が芽生えることを防ぐという狙いもあった。

インドネシア人はオランダが必要とする作物を生産するための部品だったのである。

オランダ植民地時代のプランテーション。栽培作物は不明。ジャワ島で1926年以前に撮影されたもの。

戦後、インドネシア大使を務めたユスフ・[※3]ロノディプロは当時を振り返り、「オランダ時代とは、インドネシア民族にとって誇りのない時代でした」と語る。

確かにこの時代のインドネシア人の不遇は枚挙にいとまがない。

集会や団体行動も禁止され、3人以上のインドネシア人が路上で立ち話をすることすら許されなかった。一部の公共施設には「犬とインドネシア人の立ち入り禁止」と書かれた看板が掲げられていた。

このような状況が300年以上も続いた時、民衆になにが起きるのだろう。

もしも現在の日本がどこかの国に侵略され、産業を牛耳られ、教育制度を廃止されたら、私達は侵略者を憎み、反乱の方法を探すだろう。だが、それは自由が保障されていた社会を知っているからこその発想だ。

長きにわたる植民地支配によってインドネシア人は反乱しようとする意志すら抱かなくなり、オランダ人を神のような存在と捉えるようになった。

まるでコペルニクスやガリレオが地動説を唱える以前、人類はすべての天体が地球を中心に回っていたと信じていたように、インドネシア人はオランダ人のことを、絶対に倒すことのできない不可侵の存在であると信じたのである。

◆日本は〝アジアの希望〟だった？

しかし、20世紀になるとこうした非人道的な植民地政策に対する国際的な風当たりが強くなり、オランダは「倫理主義政策」を導入する。村落の長など、一部のインドネシア人の子弟に教育を施し、官吏《かんり》や技術者として社会参加できる機会を与えたのである。

植民地時代に教育を受けたインドネシア人は数千人程度とされ、300年以上という時間があったことを考えればあまりに微小な数字だが、倫理主義政策はインドネシアに大きな変化をもたらした。知識人が誕生したことで、民族独立の意志が生まれ始めたのだ。

さらに1904年から05年にかけて、そうした独立心の追い風となる事件が起きた。

日露戦争である。

この戦争において極東の小国に過ぎなかった日本は、当時世界最強の陸軍国であるロシアに勝利した。これは単なる一国の軍事的成功にとどまらず、大航海時代以降、世界中に蔓延していた「有色人種は白人には勝てない」という常識に風穴を開ける事件だった。

「1905年における日本の勝利に始まるアジアの目覚めは、1908年の青年トルコ党の革命、パン・イスラム主義の反英運動の発展、1911年の中国における辛亥革命へと受け継がれていく。そのアジアの禍乱《からん》は、インドネシア社会にも動揺を引き起こし、オランダ社会にも原住民社会にも、不安定な地位しか持たない混血児の社会層の不安、動揺を強めた」

これは1908年に結成されたインドネシア史上最初の民族主義団体「ブディ・ウトモ」※4の指導者アブドル・カリムの言葉だ。

◆オランダ式学校で教育を受けたインドネシアの現地人の推移(単位:人)

	小学校	中学校	高校	大学
1915年まで	951	8	4	0
1925年まで	3,767	354	32	4
1935年まで	6,431	995	204	14
1939年まで	7,349	1,012	204	40

(増田与『インドネシア現代史』中央公論社 1971を元に作成)

白人が無敵ではないことを証明した日本は、まさしく植民地支配に苦しむ国々の希望の星だったのだ。

そんな日本が、300年以上も続いた植民地支配を3ヶ月足らずで倒したのだから、インドネシアの人々が日本軍を解放軍と捉え、熱狂的に歓迎するのは必然だったのである。

※1 アラムシャ・ラトゥ・パーウィラネガラ（1925年12月25日〜1998年1月8日）
インドネシア陸軍中将、調整大臣などを歴任。1993年に大統領特使として来日し、福田元首相や塩川自治大臣（当時）などと会見し、「もし日本が大東亜戦争を続けていたならば中東諸国やアフリカ諸国ももっと早く独立できたであろう」と太平洋戦争を肯定する発言をしている。

※2
厳密にはオランダの憲法で「海外領土」とされていたが、現地住民に主権が与えられていなかったため、一般的には植民地とされる。

※3 モハメド・ユスフ・ロノディプロ（1919年9月30日〜2008年1月28日）
日本統治時代はラジオ放送局に勤務。1945年8月17日にはスカルノの独立声明を世界に向けて読み上げた。

※4 ブディ・ウトモ
現地住民の教育や農商工業の促進、国民生活の向上などを要綱として掲げており、武力闘争などとは無縁の団体だったが、結成1年で会員は10万人に達し、この刺激を受けてインドネシア各地に多くの民族主義団体が誕生していく。その名はジャワ語で「尊い努力」を意味する。

2

【インフラの整備】

日本統治時代は10万人のインドネシア人エリートを育成した？

◆インドネシアが親日の理由

世界でも有数の親日国といわれるインドネシア。

そうした国民感情が育まれた要因は、単に日本がオランダの植民地支配を終焉させたという歴史だけではない。

インドネシアは300年以上の徹底した愚民政策にさらされたことによって、ほとんど国家の体をなしていなかった。さらに日本軍から敗走したオランダ軍が破壊したため、橋や鉄道といった都市設備は壊滅状態だった。

そこで日本はインドネシアの行政や産業、教育制度、インフラを整備し、近代国家としての礎を築いたのである。

独立後のインドネシア陸軍の大佐を務めた※1ズルキフリ・ルビスはこう語る。

現地の人々に対して農業指導をする日本人技術者。（出典：倉沢愛子『写真記録 東南アジア 歴史・戦争・日本 2 インドネシア』ほるぷ出版 1997）

「大東亜戦争が契機となって、アジアからアフリカまで独立しました。日本にだけ犠牲を払わせてすまないと思っています。そして、大東亜戦争中の日本軍政の特徴は、魂を持ってきてくれたことです。我々と苦楽をともにし、農作業や各種技術の初歩を教えてくれ、軍事訓練まで施してくれました」

日本の施策は多岐にわたるが、代表的なものをみてみよう。

まず、米の増産にとりかかったこと。

今日のインドネシアは世界3位の米の生産量・消費量を誇り、「米を食べなければ食事したことにならない」といわれるほどの米どころ。しかし植民地時代の農作物はサトウキビやゴム、コーヒーなどの商品作物が多数を占め、米を生産していない島も多かったうえ、稲作技術も洗練されていなかった。

そこで日本は稲の品種改良や除草、肥料を使うことなど生産性を高める方法を広め、栽培面積の拡大にも努力した。

また、橋や上下水道、電気などの都市インフラの整備も挙げられる。

たとえば現在も東ジャワ・ケデリ地方には「ネヤマ」という日本名がついたトンネルが残っている。かつてこの地域では雨季になるとインドネシア第二の大河ブランタス河が氾濫し、農民たちを脅かしていた。

日本軍は現地の人々を指揮し、溢れた水をインド洋に流すトンネル工事を実施。1年6ヶ月、100人近い犠牲者を出す難工事の末、この地域から洪水をなくした。ネヤマトンネルは現在も灌漑《かんがい》や発電に利用され、無くてはならないインフラとなっている。

◆10万人のエリートが誕生

さらにインドネシア人で構成された軍事組織の設立も忘れてはいけない。

植民地時代にも軍事組織は存在したが、そこに参加していたのはおもにアンボン人やメナド人などのキリスト教を信仰する少数民族で、基本的にほとんどのインドネシア人は軍事訓練を受けたことはなかった。

日本軍は現在のインドネシア国軍の前身となる郷土防衛義勇軍※2（ＰＥＴＡ）を創設し、3万8000人のインドネシア人兵士を育成した。

日本が敗戦するとオランダはインドネシアの再植民地化に乗り出すが、それをしりぞけ

軍事訓練を受けるインドネシア人。©Tropenmuseum Licenses for reuse under Creative Commons Licence.

られたのはＰＥＴＡがあったためといわれる。

これまで挙げた「産業」、「インフラ」、「軍事力」などは健全で近代的な国家を形作るにあたって不可欠なものだが、もうひとつ重要なものがある。

それは「教育」だ。

日本はインドネシアの教育制度の整備に非常に熱心に取り組んだ。

それは教育こそが国力増強の要であることを身を持って知っていたからだ。

江戸時代の長きにわたる鎖国によって後進国だった日本は、１８６７年に明治維新を果たすと、その５年後に義務教育の基礎となる「学制」を施行。そしてその３年後には日本全国に２万４３０３校の小学校を設置している。

こうした教育制度によって優秀な人材を育成することで、明治維新からたったの約40年で日露戦争に勝利できるほどの強国へと成長したのである。

インドネシアには当時の日本を彷彿とさせる勢いで、官吏学校や農林学校、工業学校、医科大学などのさまざまな学校が設立され、日本がインドネシアを解放してから終戦までの3年半で、軍事訓練や大学・専門学校などの高等教育を受けたエリートが約10万人も育成された。

日本がインドネシアで行なった教育政策は多岐にわたるが、一例として青年道場という訓練所が挙げられる。写真は1943年に報じられた農業の訓練所の様子。日本農大の教師などが農業技術を教える施設だった。（出典:『アサヒグラフ1943年7月21日号』朝日新聞社）

先述の通り、300年以上の植民地支配全体でも高等教育を受けられたインドネシア人は数千人程度であることを考えれば、まさに革命といえるような出来事だった。

◆日本軍の思惑とは？

それにしてもなぜ日本はここまでインドネシアの発展に力を注いだのだろう。

もちろん日本はボランティア組織ではない。自国のメリットになるからこその行動だ。

前提として、日本は太平洋戦争を戦うための石油や食糧、艦船や飛行機の材料となるボーキサイトといった物資を欲していた。

インドネシアはそうした物資の宝庫であり、戦争が継続する限り、日本は軍政という形でインドネシアを統治し、資源の供給を受けるつもりだった。

統治にあたって、日本から人材を送り込むよりも、現地の人々に行政や産業を任せた方が労力が少なく済むという打算もあっただろう。そのために教育は不可欠だった。

また、戦争が長期化した場合、食糧難が予想されるため、米などの増産体制を整えておくことは合理的だし、インドネシア人に軍事訓練を施したのも欧米が再び攻めてきた際の防衛力の増強という狙いがあった。

こうした観点から、日本の統治はかつての植民地支配と本質的に同じであり、結局は搾取が目的だったという意見もある。

確かに日本のインドネシアでの行ないは善行ばかりとはいえない。民衆を労務者として徴用し、過酷な労働によって少なからぬ犠牲者を出しているし、敗戦が濃厚になるとインドネシア国内も物不足になり、民衆には飢餓が蔓延した。

けれど、日本人が善人の皮をかぶった侵略者だったと断じてしまうのは性急だ。実際、インドネシアにおける教育や軍事訓練は、アジアを助けたいという日本人の熱意によって推し進められた側面が強いのだ。

◆聖将と呼ばれた軍人、今村均

こうした日本のインドネシア統治時代を振り返るにあたって、[※3]今村均《いまむらひとし》中将という人物の存在を抜きにしては語れない。

今村中将はオランダ植民地軍の制圧にあたった日本陸軍第16軍の司令官であり、インドネシアにおける初期の軍政を指揮した。

この時期、アジア各地で日本軍による軍政が行なわれていたが、今村軍政は「異色の軍政」と呼ばれた。

そもそも軍上層部がアジア各地の軍政になにを求めていたかというと、現地の治安維持と物資の安定供給である。

そのためアジア諸国を助けたいと考える軍人が多かったにもかかわらず、日本に対する反乱の火種になりかねない民族運動は抑圧される傾向にあった。

しかし、今村中将は独立後のインドネシアの初代大統領を務めるスカルノなど、植民地時代に投獄されていた民族主義者を解放すると、その活動を容認した。

また、徹底して現地の人々に寄り添った統治を行なったのも特徴だ。たとえば、日本国内で布製品が不足した際、政府はインドネシアに大量輸出を命じたが、今村中将は拒否した。

インドネシア民衆に歓迎される今村中将。(出典：今村均『幽囚回顧録』秋田書店 1966)

インドネシアには死者を白木綿《しらゆう》で包んで埋葬する風習があったが、輸出によって布が不足すればそれができなくなり、民衆の自尊心が傷つくと考えたためだ。

寛容に接したのはインドネシア人だけではなく、敵国であるオランダ人の民間人も自由が保証され、街では買い物を楽しむ姿すらあった。

興味深いことに、こうした統治によって治安が乱れたり、物資の供給が滞ったりしたかといえばむしろ逆で、政府高官がインドネシアを視察した際、「治安状況、産業の復旧、軍需物資の調達において、ジャワの成果がずばぬけて良い」と報告しているのである。※4

今村中将がなぜ寛容な軍政を徹底したのか。この疑問に対して「皇軍として当然のことをやったまでである」という本人の言葉が残されているが、その真意は憶測するしかない。

ヒントとなるのは、今村軍政のオランダ人優遇について意見を求められたスカルノの言葉かもしれない。

「われわれは日本軍を神兵と思っている。もし神兵が（オランダ人の）婦女子を酷に扱うなら、それは神兵ではないではないか」

人々との信頼。言葉にするのは簡単で、実際に形にするのは難しいこの関係性こそが、戦時下といえど一時の円満な治世を生んだ鍵なのだろうか。

※1 ズルキフリ・ルビス（1923年12月26日～1998年9月23日）
インドネシア陸軍大佐・参謀長代行。日本統治時代は日本軍の青年訓練所で訓練を受け、1945年、現在のインドネシア国家情報庁の前身にあたる権限庁を設立。戦後の対オランダ独立闘争では情報面の責任者として活躍した。

※2 郷土防衛義勇軍
1943年10月に創立されたインドネシア人による軍事組織。それまでも日本軍の下部組織として「兵補」という組織が存在したが、独立性がないこと、また日本軍の物資徴用などに対する民衆の不満の高まりを受け、日本・インドネシア双方の要望から誕生。日本側はインドネシア人に独立した軍事組織を与えることを安全保障上の問題から危惧したが、戦局悪化の危機感から、現地住民による軍事組織がなければオランダと戦闘になった場合、対抗できないと考えていた。日本の敗戦後、1945年8月19日に解散されたが、PETA出身者はその後のオランダとの独立戦争の中核を担い、その人材はやがて創立されるインドネシア軍の基盤となっていく。

※3 今村均（1886年6月28日～1968年10月4日）
最終階級は陸軍大将。日本陸軍第16軍司令官としてインドネシア攻略戦を指揮。東南アジアでの善政は非常に評判がよく、連合国側からも賞賛の声がある。戦後の軍事裁判では禁錮10年の判決を下され、一度は巣鴨拘置所に送られたが、多くの部下が南方で服役していることを気に病み、自らパプアニューギニアのマヌス島刑務所へ入所を希望。服役後は軍人恩給だけを受け取る質素な生活をしながら執筆活動を行ない、印税をすべて戦死者遺族などに送っていた。

※4
しかしながら、こうした寛容な姿勢は軍上層部の不満を招き、「今村軍政は生ぬるい」という声が終始存在した。それに対し、今村中将は「自分は中央の方針を奉じ現地の実情に応じて軍政をやっているという信念をもっています。もし私の信念が容れられないならば東條英機首相と相談して現職を免じてほしい」と語っている。そして軍政開始から1年足らずで、今村中将はパプアニューギニアのラバウルへ転任することになるのである。

3 インドネシア独立の英雄スカルノは日本をどう見たのか？

【インドネシア独立政策の変遷】

◆〝親日〟といわれたスカルノの本意とは？

インドのマハトマ・ガンディー、ベトナムのホー・チ・ミン、ビルマのアウンサン……。太平洋戦争期のアジア諸国には、独立運動を主導し、「建国の父」とも呼べる活躍をした英雄たちがいる。インドネシアにもそのような人物が存在した。

その名はスカルノ。[※1]

バラエティ番組などでお馴染みのデヴィ夫人は、今は亡きインドネシアの初代大統領の第3婦人として知られる。スカルノは彼女を娶った初代大統領その人である。

インドネシアの民衆が日本を歓迎したということは先述の通りだが、エリート層は日本に対してどのような考えをもっていたのだろう。スカルノという人物に注目すると興味深い思惑が浮かび上がってくる。

スカルノ

1901年にジャワの富裕層の家庭に生まれたスカルノは、幼少期からオランダ語を学び、インドネシア人では一握りの者しか入学できなかったバンドゥン工科大学に進学。土木学を学んだ。

バンドゥン工科大学は当時のインドネシアにおける最上位の学校であり、スカルノはエリート技師として何不自由ない生活を送れるはずだった。

しかしながら、高等教育を受けたからこそ、いびつな植民地社会の実態と人種による階級の厚い壁に絶望し、独立闘争を決意。そして1926年の卒業の翌年、インドネシア国民党を結成し、本格的な民族運動に身を投じていったのである。

スカルノの最大の才能はそのカリスマ性だった。

人の注目を集めずにおかないルックスと長身。「火を吹くよう」と評される雄弁な演説を得意とし、聴く者をおしなべて魅了した。そしてまたたく間にインドネシアにおける民族運動の最重要人物へとのし上がっていく。

しかし、植民地時代のインドネシアは3人のインドネシア人が立ち話をするのも禁止された監視社会で、当然集会などはもってのほか。1929年に逮捕され、2年間獄中生活を送るも、釈放後はさらに活発な活動を行なったため1933年に流刑されてしまう。

彼が再びジャワ本島の土を踏むのは1942年。オランダ植民地軍を倒した日本軍によって流刑先から救出されてからのことだ。

スカルノ（前列左から２番目）と今村中将（前列左から３番目）。（出典：インドネシア日本占領期史料フォーラム『証言集-日本軍占領下のインドネシア』竜渓書舎 1991）

すぐさまスカルノは今村中将と会談を行なった。

スカルノの目的はインドネシア独立の約束を取り付けること。

一方で、日本はインドネシアを資源の供給源として押さえておく必要があり、統治を円滑にするため、国民から絶大な人気を誇るスカルノの協力を得たいと考えていた。

そういった状況では、詭弁や方便でスカルノを利用しようとしても不思議ではない。しかし、今村中将はそのような任務を帯びた軍人としては異様なほどの誠実さを見せる。

「この大東亜戦争の終結したとき、あなたの念願である完全なインドネシア独立国が生まれるか、などは何もいえません」

と、交渉の最大の切り札となるインドネシア独立というプランを暫定的に否定。その上で「日本はインドネシアを植民地とすることは考えておらず、また私の行なう軍政により、オランダ植民地時代よりもよりよい政治介入と福祉の招来を実現することを念願としている」と語った。

　これに対しスカルノは「日本軍政に協力する」と返答する。だが、このときのスカルノの胸中はどうだったのだろう。

　日本人のデヴィ氏を妻に迎えていることもあり、彼は生涯を通じて熱烈な親日家だったといわれることが多い。日露戦争以降、日本の動向に注目していたのも事実だ。それ故に盲目的に協力を申し出たのかといえば、それは違う。むしろ日本を危険視すらしていた。

　スカルノは太平洋戦争の到来を予見しており、1920年代の時点でその戦争はアジア解放の戦いではなく、獲物を奪い合う帝国主義列強同士の戦いであることを見抜いていた。さらには1930年代以降の日本が掲げた「アジアの抑圧された諸民族の旗手日本」というスローガンを、欺瞞と語っているのである。

　では、なぜ日本と手を組んだのか。

　彼は独立運動の同志で、後に初代副大統領を務める[※2]ハッタに「いつの日か、我々が勝利し独立を宣言するその日のために、彼らに統治の手綱を握らせておくのだ」と語っている。

現状の自分たちでは日本を追い出すことも、独立国家を運営することもできない。そこで独立した際に必要になる人材の教育やインフラの整備のため、ひとまず日本を利用しようという打算があったのである。

日本側が民族主義者を利用して得たメリットと同じくらい、民族主義者にも対日協力にはメリットがあったのだ。

◆スカルノが号泣した理由とは？

スカルノと日本軍が手を組むと、民衆総力結集運動[※3]やジャワ奉公会[※4]などの民衆運動、旧慣制度調査委員会[※5]や中央参議会といったインドネシア人が主導する行政組織が公認され、スカルノはその指導的立場を果たすことになる。

こうしてオランダの支配下では考えられなかった変化が次々と起こっていった。

学校の設立や軍事訓練、食糧の増産などはすでに述べたが、もうひとつインドネシア社会に大きなインパクトを与えたのが、旧慣制度調査委員会によってインドネシア語がつくられたことだ。

インドネシア語は現在のインドネシアの公用語であり、母語とする者が2300万人もいる世界的にもメジャーな言語。しかし意外なことに、戦前のインドネシアには存在しなかったのだ。

その背景には例のオランダの愚民政策があった。

インドネシアは世界でもっとも多くの島からなる国家で、その数は1万3466。それゆえ言語も多様であり、オランダは言語を統一させないことで国民同士がコミュニケーションをとれないようにしていたのである。

となり町に足を運んだら言葉が通じない社会を想像してほしい。生活しづらいことこの上ないし、社会の発展など望むべくもない。当然、民衆が団結して独立を目指すといった運動も起こりえないだろう。

かくして、インドネシアでは着実に独立国家としての準備が整いつつあり、手応えを感じていたスカルノは日本から独立の許可が下りる日を、固唾《かたず》を呑んで待っていた。

そんなとき、彼を驚愕させる出来事が起きた。

1943年1月28日、帝国議会で東條英機首相が日本軍政下にあったアジアの国の独立を宣言した。だが、その対象はビルマとフィリピンのみ。インドネシアについては一言も触れていなかったのである。

軍政当局の三好俊吉郎司政官は、このときスカルノは嗚咽《おえつ》しながらこう語ったと伝えている。

「日本軍によってわれわれがオランダの圧制から解放されたことに感謝している。われわれのこの感謝の熱誠は今日までの日本軍に対する協力の事実に表れていると思う。（中略）如何なる理由でインドネシアは全く顧みられないのか理解できない」

だが、状況はますます深刻になっていく。同年5月31日の御前会議では秘密裏に「大東亜政略指導大綱」が策定され、インドネシアと英領マラヤ（現在のマレーシアの一部とシンガポール）は「帝国の永久確保」すべき地域、つまり実質的な植民地として位置づけられたのである。

この段階でスカルノが反乱を起こそうとしなかったのは興味深い点だ。単純に日本には勝てないと考えていたのか、まだ自国の発展に日本の力が必要と考えていたのか、もしくは長年の流刑生活で培った忍耐の為せる業だったのか。

そんなスカルノに吉報が舞い込んできたのは１９４４年9月7日。この時期、サイパンをはじめとした日本軍の占領地は玉砕が続き、敗戦が濃厚になっていた。東條内閣退陣後に発足した※6小磯國昭《こいそくにあき》内閣は、インドネシアを独立させることを発表したのである。

１９４５年8月11日、独立準備委員会の長にスカルノが内定し、念願の独立は秒読みとなった。しかし、同月15日、日本は連合軍に無条件降伏。日本の承認による独立は白紙になっ

ジャカルタの自邸で独立宣言を読み上げるスカルノ。1945年8月17日に撮影。

たが、スカルノは17日に独立宣言を発し、インドネシア共和国を樹立した。そして再度植民地支配に乗り出したオランダとの独立闘争へと流れこんでいくのだった。

日本は侵略者だったのか、解放者だったのか。どちらか一方が正しいというものではなく、これらは表裏一体だ。

しかし、そのどちらにも共通する認識がある。基本的にアジアの人々を「ただ大国に翻弄された弱者」と捉えているところだ。日本の行為が、たとえば「独立を認める」「教育を与える」といった上からの視線で語られる事自体がその一例だろう。

確かに圧倒的な軍事力をもつ日本や欧米のアプローチに対して、直接的な抵抗は難しかった。とはいえ、彼らは従順な家畜のように大国の思惑に振り回されていたわけではない。一部の指導者は日本の到来を独立運動の好機と捉え、積極的に利用しようと考えていた。

日本に協力したスカルノの決断が正解だったかといえば、難しいところだ。日本の戦局が悪化せず、もしも戦争に勝利したとしても、その後にインドネシアを独立させたか、それとも植民地支配を続けたのか、答えを知るすべはない。

唯一言えることは、日本軍政があったことで、インドネシアの近代国家として体制がある程度整い、戦う意志が生まれたことだ。

それを象徴するようにスカルノはこんな言葉を残している。

「10回、100回、あるいは1000回独立を約束されようとも、もしわれわれが自ら闘わず、自ら独立するだけの実力を有することなくしては、われわれは決して独立を具現し得ないであろう。大日本はわれわれのために、理想の大道への扉を開いてくれたのだ。これに対してわれわれは無限の感謝を表明する」

※1 スカルノ（1901年6月6日～1970年6月21日）
1945年、インドネシア独立とともに初代大統領に就任し、20年以上権力の座についたが、1965年のクーデターで失脚。その後はほとんど軟禁に近い不遇な晩年を送った。現在でも国民の敬愛は厚い。スカルノでフルネーム。

※2 モハマド・ハッタ（1902年8月12日～1980年3月14日）
スカルノとともにインドネシアの独立運動を牽引し、独立後は初代副大統領に就任。初期の独立インドネシアはスカルノとハッタの「双頭体制」といわれ、実質的にはスカルノと同等の権限を有していた。しかしやがてスカルノとの対立が生じ、1956年に副大統領を辞職。その後は生涯政界に戻ることはなかった。

※3 民衆総力結集運動
1942年11月、日本軍政当局はスカルノやハッタなどの民族主義者に民族主義集団の指導を許可。それをうけてスカルノは12月8日に民衆総力結集運動（インドネシア語でプートラ）の構想を発表。1943年3月から開始された。その目標は米英蘭などの勢力を駆逐し、日本の大東亜共栄圏の防衛に協力するというもので、各州、各県に支部が設けられ、民衆に対してインドネシア語の普及や増産や労力提供の協力、日本人との相互理解の促進などを行なった。

※4 ジャワ奉公会
43年末ごろから、民衆のなかではより強力な結集体制を組織化するべきという希望が強くなり、プートラを発展的解消する形で1944年3月に結成。各種の民族主義団体を統合し、それぞれの有力者を役員や幹部に据えるという構想で、運輸・通信・工場などの各種事業にも影響力をもつようになる。民衆運動の延長だが、ある種の官吏主義型の行政組織といえる存在だった。

※5 旧慣制度調査委員会
日本軍によって1924年9月24日に設置された組織。インドネシアの社会・経済・文化・政治の制度や住民の行動様式を調査し、日本軍政に反映することを目的としていたが、東亜研究所の柘植秀臣によると「有力なインドネシア人にはじめて政治的発言を多少なりとも許可する目的で設置した」。つまり、日本軍政に対する不満を吸収・緩和するための機関という性格もあったようだ。

※6 小磯國昭（1880年3月22日～1950年11月3日）
1944年7月22日から1945年4月7日まで第41代内閣総理大臣を務める。陸軍の最終階級は大将。A級戦犯として終身禁錮刑に処され獄死。

４

【インドネシア人が恐れた日本】

軍政下に存在した恐怖の「ケンペイタイ」とは？

◆インドネシア語に残る日本軍への恐怖

日本は敗戦後、軍事裁判でその戦争犯罪を裁かれることになる。

東條英機元首相などがＡ級戦犯として死刑になった東京裁判が有名だが、こうした軍事裁判はアメリカやイギリス、フィリピン、中国など世界各地で行なわれた。Ａ級戦犯としては１２６人[※1]、Ｂ級・Ｃ級戦犯としては推定１万人以上の日本人が逮捕され、合計で１０００人前後が処刑された。

この軍事裁判でもっとも多くの死刑判決を下したのはどの国だろう。日本が実質的に侵略し、南京大虐殺があったとされる中国、ではない。

それはインドネシアを日本に奪われたオランダの法廷で、中国の１４９人を大幅に上回る２３６人が死刑になっている。その罪状でもっとも多いのはインドネシア住民やオラン

憲兵隊。1935年国内で撮影されたもの

ダ人捕虜などの非戦闘員に対する虐待行為、ついで虐待致死である。

こうして見ると、よほど日本はインドネシアで悪逆非道に振る舞ったように思える。

たしかに、日本軍政期のインドネシアには民衆に恐れられた集団がいた。

それは憲兵隊だ。

本来、軍内部の秩序を維持するための組織で、軍政下では治安維持も任務とした彼らは、「ケンペイタイ」という言葉がそのままインドネシア語として現在も残るほどのインパクトを民衆の脳裏に植えつけた。

インドネシア国立文書館が編著した『ふたつの紅白旗』（邦訳名）には、憲兵隊と関わった人々の体験が数多く記されている。その一例を引用してみよう。

「みんなは、とくに体罰を恐れていました。（ちょっとしたことで）バゲロー（「馬鹿野郎」の意）と言って頭を叩くのです。ところが、インドネシア人にとって、頭は神聖で敬うべきものなのです。私が憲兵隊と聞くと震え上がってしまうのは、私の親友が彼らの暴力を受けて怪我をして、障害者になってしまって以来のことです」（バルカ・アルガニス・バスウェダン、1975年）

日本はインドネシアも含むアジア各地の民衆に日本的な風習を義務付けていた。たとえば、日本の皇居の方向へ毎朝最敬礼をしたり、日本軍人と道ですれ違う際はお辞儀をしたりというように。

これは皇民化教育[※2]と呼ばれたが、アジアの人々は理解に苦しむことが多々あり、規則を破った者は憲兵隊に叱責されたのだ。

さらに憲兵隊が熱心だったのが、スパイの摘発である。

多くの島からなるインドネシアには連合軍のスパイが侵入しやすく、日本が劣勢になった太平洋戦争後半には、華僑やかつての植民地軍の関係者など、親オランダの人々による破壊活動が増え始めた。憲兵隊はこうしたスパイ活動の容疑者に対して監禁や拷問を伴った取り調べを行ない、ときに死者を出すことがあった。

しかし、よく語られる、日本の軍人は冷酷無比な集団で、民族的な優越感から現地の人々に粗暴な振る舞いをしたというような指摘は穿った見方だ。

憲兵隊は恐ろしい存在だったが、その厳しい取り締まりは破壊活動を未然に防ぎ、現地の治安を保つ責任の裏返しともいえるのだ。

そもそも憲兵隊が厳しかったのは、現地人に対してだけではなかった。

元インドネシア外交官ユスフ・ロノディプロはこんなことを語っている。

「日本軍の将校のなかには、酔っぱらって通りで暴れたり、インドネシア人の女性にちょっかいを出す者もいました。日本の軍人も人間です。ですから良い軍人もいれば、悪い軍人もいました。日本の憲兵隊はそういう者を容赦なく連行し、体罰を加えていました。（中略）憲兵隊はインドネシア人だけを連行し、日本人には甘かったかというと、そうではなく、日本人に対してもインドネシア人に対してと全く同じに厳しかったのです。（中略）私達も憲兵隊のことを大変怖がっていましたが、一方で、彼らがいることで治安と秩序が保たれていることもわかっていて、平和に過ごすことができました」

◆日本軍政最大の汚点

「ケンペイタイ」にならび、インドネシアにはもうひとつ現地語として定着した忌むべき言葉がある。日本語の「労務者」そのままの「ロームシャ」だ。

太平洋戦争開戦以降、拡大し続ける戦線を維持するため、日本軍は大量の労働力を必要としていた。そこで１９４０年の時点で約７０００万人と、東南アジアでは抜きん出た人口をもつインドネシアから多くの人々を徴用。労務者としてインドネシア国内をはじめ、アジア各地に派遣したのである。

その数はインドネシア政府の見解によると終戦までに約[※3]410万人。

仕事内容は極めて過酷で、ジャングルを切り開きながらの鉄道敷設や、防空壕の建設、基地の増設などの肉体労働が主だった。

労働環境も劣悪だ。炎天下の長時間労働に加え、食糧不足も日常茶飯事だった。1日に「葉に包んだ米と塩、トウガラシしか与えられなかった」と語る元労務者もいる。栄養失調やマラリアで倒れても治療薬すらない有様だった。

こうした過酷な状況によって多数の死者が出た。たとえば最大規模の犠牲者が出たとされる、タイとビルマをつなぐ泰緬鉄道《たいめんてつどう》（255ページ参照）の建設では、他のアジア地域からの労務者も含まれる数字だが、数万から十数万人が亡くなったという。

オランダの軍事法廷では、こうした労務者の扱いに関連した起訴も少なくなかった。インドネシア軍政にあたった軍政監部政務班長の斎藤鎮男《さいとうしずお》[※4]が「日本軍政最大の汚点は労務者の供出」と語っているが、まさしくそのとおりだろう。戦争という極限状況下とはいえ、決して許されることではない。

ただし、オランダの裁きが人道に基づいたフェアなものであるかは、また別の話だ。

日本統治時代のインドネシア人労務者。(出典：倉沢愛子『写真記録 東南アジア 歴史・戦争・日本 2 インドネシア』ほるぷ出版 1997)

日本によって、もっとも重要な植民地であるインドネシアを失ったオランダは、非常に苛烈な反日感情を抱いていた。オランダが多くの死刑判決を下したのは、不当な報復裁判の側面が強かったという指摘もあるのだ。

たとえば１９４４年5月に起きたインドネシアのダヤク族の虐殺事件で19人の日本将兵が死刑に処されているが、そもそもダヤク族は上陸した連合軍の指導でゲリラ活動を行なっており、それに反撃した日本軍の行動は正当な戦争行為だったといわれる。

だが、日本側に弁護人はおらず、裁判の通訳も法律用語を解さないインドネシアの一般人であることが多かった。こうして反論もできぬまま、多くの日本人が処刑されたのだ。

日本軍政下で創設されたインドネシア郷土防衛義勇軍（ＰＥＴＡ）大佐のアブドルカディルは「日本軍の悪行のもろもろを文章に書けば、辞書のように厚い本ができるだろう。しかし、これと反対に、我々インドネシア民族に対する日本人の教育、指導、善行の数々は、これまた厚い辞書ができるほどたくさんある」という言葉を残している。

インドネシアにおける日本の功罪を評価するのが、いかに難しいかを象徴する言葉ではないだろうか。

※1　126人
ビルマのアウンサン、フィリピンのホセ・ラウレルなど日本軍政下で重要なポジションにいた外国人も15人含まれる。

※2　皇民化教育
日本が掲げていた大東亜共栄圏構想の一環でアジア各地で行われた施策。天皇崇拝や日本語を普及させることで、大東亜共栄圏の結束を固めるという目的があった。

※3　約410万人
この数字には異論も存在する。日本軍の記録によるとインドネシアで最大の人口を誇るジャワ島から徴用され、国外へ送られたロームシャでさえ20数万人とされ、410万という数字には誇張があるとの指摘がある。

※4　斎藤鎮男（1914年7月5日〜1998年12月20日）
1938年に外務省に入省し、太平洋戦争直前の1941年秋、陸軍に徴用され、インドネシア軍政にあたった。戦後は48年から51年にかけて国連大使を務め、青山学院大学教授、国連大学理事などを歴任している。

5　日本敗戦後もインドネシアのために戦った日本兵がいた？

【インドネシア独立と残留日本兵】

◆インドネシアの再植民地化に乗り出したオランダの驚愕

１９４５年８月15日、日本がポツダム宣言を受諾し、無条件降伏した２日後。スカルノは独立宣言を発して大統領に就任したが、状況はきわめて緊迫していた。

国家というものは、ほかの大多数の国家が承認して初めて成立するものだ。しかし、最大の後ろ盾である日本はすでに敗戦国であり、国際的な発言力はない。一方で、戦勝国となった旧宗主国のオランダはインドネシアの再植民地化を狙っていた。インドネシアはこうした不利な状況で独立を勝ち取る必要があった。

９月８日、まずインドネシア内の日本軍の武装解除を目的としたイギリス軍主体の連合軍が上陸。その後、イギリスとバトンタッチする形で、オランダ軍がやって来た。

すぐさまインドネシアとオランダの衝突が起きた、わけではない。インドネシアはひとまず、外交交渉によって独立承認の道を模索し始める。

しかし、オランダはナチス・ドイツの侵攻によって疲弊しきっており、国内情勢を立て直すためにはインドネシアの資源が必要不可欠だった。つまり、インドネシアの独立は到底認められるものではなかった。

オランダ軍の空爆をうけた町並み

交渉は1年以上に及んだが、オランダが提示した条件[※1]は実質的な植民地化であり、１９４７年7月、ついに武力衝突に至った。

この時期、インドネシアに駐在していたオランダ軍は約15万人。対するインドネシア側の総戦力ははっきりとしないが、インドネシア国軍の主戦力となった郷土防衛義勇軍（ＰＥＴＡ）は終戦時で約3万６０００人だったから、圧倒的に劣勢だったことは間違いない。

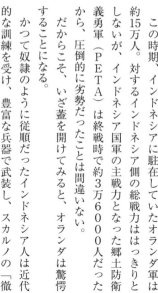

だからこそ、いざ蓋を開けてみると、オランダは驚愕することになる。

かつて奴隷のように従順だったインドネシア人は近代的な訓練を受け、豊富な兵器で武装し、スカルノの「徹底抗戦を！」という号令に従って死に物狂いの反攻を繰り広げたのだから。

とはいえ、である。結論からいうとインドネシアが武力でオランダを退けることはできなかった。オランダ軍は強力で、都市は空爆で荒廃し、スカルノら指導者は逮捕され、インドネシア側の死者は80万人に到達。国家は存亡の危機に立たされてしまった。

そこに救いの手を差し伸べたのは、オランダ以外の連合国を含む国際社会だった。

第二次世界大戦で疲弊した世界各国からは、植民地主義に固執するオランダに批判が続出。さらにアメリカが経済援助の打ち切りを通告したことで、オランダは和平路線を選ばざるを得なくなった。[※2]

そしてハーグ円卓会議などを経て、１９５０年8月15日、インドネシア共和国が誕生。インドネシア人は３００年以上の時を経て、念願の独立を手にしたのである。

インドネシアが独立闘争を戦い抜くことができた要因はいくつかある。

最大の要因は、死をも厭わないインドネシア人の闘志だろう。

絶望的な戦況でも彼らは諦めることなくゲリラ戦を展開し、手を焼いたオランダ軍は村落の焼き討ちや民衆の虐殺などを繰り返すことになるが、こうした残虐行為が国際世論に火をつけるきっかけとなった。あっけなく白旗をあげていたら、国際連合の介入を待つまでもなく、再び植民地にされていたかもしれない。

もうひとつ無視できないのが、インドネシア人が抵抗を続けられるだけの豊富な兵器を手にしていたことだ。しかし、日本軍政下のインドネシア軍はほとんど武器を所有していなかった。大量の武器はどこから現れたのだろう。

◆武器を提供した日本軍

敗戦後、インドネシア内の日本軍は、連合軍から次の命令を受けていた。「連合軍が完全に進駐するまで治安を維持し、暴動は必ず鎮圧せよ」。さらには武装解除し、連合軍へ武器を引き渡すことも指示された。

ここでいう暴動が、言外に独立運動を指していることは明らかだった。

日本軍は難しい決断を迫られることになった。敗戦国である以上、連合軍の命令には逆らえない。だが、手のひらを返し、これまで協調路線を歩んできたインドネシアを弾圧することもできなかった。

無条件降伏をした以上、もう守るものなどないのだから武器を渡すなり、インドネシアを支援してしまえばいいと思われるかもしれない。だが、無条件降伏だからこそ、日本という国家の根幹に関わる重要な問題が残っていた。

それは天皇制である。

日本にとって最優先すべきことは天皇制の維持だった。しかし、降伏後の天皇の処遇はこの時点では未定で、連合軍の命令に背けば、天皇を不利な立場にする恐れがあったのだ。頭を悩ませた第16軍参謀・宮本静雄は、次の命令を全軍に通達した。

・治安維持はインドネシア側に任せ、日本軍は山中で自活生活に入り、インドネシア民衆との接触を断つこと。
・兵器は各地の所定の場所に集めておき、日本兵若干名で警備を行ない、連合軍がやってきたら引き渡すこと。
・日本兵の発砲は原則禁止。

この命令はよく考えると不可解だ。荒波を立てずに連合軍側へ武器を引き渡したいのならば、武器が保管してある基地に立てこもり、完全武装でインドネシア人を警戒しながら連合軍の到着を待てばいい。

宮本参謀の胸中は「兵器を警備する日本兵は、うまい口実を考えてインドネシアに渡してしまえ」というものだった。

思惑は功を奏する。

インドネシア各地で日本軍の武器保管所から兵器が次々と〝奪われ〟ていった。警備の日本兵は発砲禁止の命令を受けているため、反撃できなかったという言い訳もたつ。

また、兵器を廃棄処分する許可を連合軍から得た上で、新品同様のものを山中に堂々と放置した部隊もあったし、日本兵が武器庫の鍵をなくしてしまい、〝偶然〟インドネシア人がそれを拾うということもあったという。

かくして小銃3万5000丁、戦車・装甲車・自動車2000両、大小火砲多数、実に日本軍が所有していた兵器の3分の2から4分の3がインドネシア側に渡ったのである。

日本軍の意図は多くのインドネシア人も理解しており、平穏に受け渡しが行なわれるケースが多かった。だが、全体でみると悲劇的な事件も発生した。戦争末期はインドネシア国民も過酷な生活を強いられたため、終戦の混乱に乗じて反日感情を暴発させる者も多かったのだ。

ガルーという都市では発砲禁止の命令を頑なに守り、抵抗しないまま42人の日本兵が暴徒に惨殺された。中部ジャワの港町スマランでは、日本人民間人が拉致され、108人が機関銃の一斉掃射で殺害される事件が起こった。

終戦直後からのこうした動乱による日本人全体の犠牲者数ははっきりとしないが、「南方軍戦争記録史」によるとジャワ島では1078人の日本兵が亡くなったという。

日本軍の小銃や竹槍などで武装したインドネシアの民衆。1946年に撮影。

◆インドネシア残留日本兵の本音とは？

インドネシアの独立闘争を支えたのは、日本軍の兵器だけではない。インドネシアの元復員軍人省長官で東欧大使を歴任したサンバス将軍は語る。

「今、インドネシアでもそのほかの国でも、大東亜戦争で日本の憲兵が弾圧したとか、労務者を酷使したとか言っているが、そんなことは小さなことだ。（中略）とくに、インドネシアが感謝することは、戦争が終わってから日本軍人約１０００人が帰国せず、インドネシア国軍とともにオランダと戦い、独立に貢献してくれたことである」

確かに多くの日本兵が戦後もインドネシアに残り、作戦指導や実戦指揮で大いにインドネシア軍を助けた。

だが、単純な疑問がひとつある。太平洋戦争を生き残り、ようやく帰国できる機会を捨て、彼らはなぜ劣勢が明らかな異国の独立戦争に身を投じたのだろうか。

この時期、連合軍は日本兵の日本への送還に際立って力を注いだ形跡がある。日本兵が現地の人々に軍事指導を行なうことを危険視したためだ。

つまり、日本兵にとって帰国は難しいことではなかったのだ。

彼らが残留した最大の動機は、やはりインドネシアの人々に対する責任感だった。太平洋戦争開戦時に掲げられた「アジアの解放」というスローガンに心から賛同し、純粋にインドネシアを助けたいと考えていたのである。

しかし、こうした大義だけでなく、中には人間臭い理由が見られるのも興味深い。

日本に戻ったら逮捕され、死刑になるという噂が存在したため、それを恐れた者。焼け野原になった日本よりも、インドネシアの方が住みやすいと考えた者もいたし、インドネシアの女性との間に子供ができ、妻子のために残った人も相当数いるとされている。

ともあれ、残留した日本兵たちは独立闘争を戦うイ

インドネシア兵とともに戦う残留日本兵(左端が日本兵)。(出典：長洋弘『戦争とインドネシア残留日本兵』草の根出版会1997)

ンドネシア軍人たちの支えとなり、独立後は、インドネシアの柔道の父と呼ばれた牧野正一七段のように、さまざまな分野でその発展に心血を注いだ。[※3]
日本軍政時代はほんの3年半、その後の独立闘争期を含めてもインドネシアが日本の影響下にあったのは10年に満たない。だが、この期間にインドネシアの社会に起きた変革やその後の影響は計り知れない。
日本軍の行ないの是非にはいまだ議論があるが、元インドネシア大使ユスフ・ロノディプロの言葉がひとつの総括になるはずだ。
「もし日本がいなければインドネシアの独立までには、さらに100年かかったかもしれません。それを、日本はたったの3年半に縮めたのです」

※1　実質的な植民地化
交渉の結果、1947年3月に「リンガルジャティ協定」が結ばれた。1、インドネシア共和国（スカルノが大統領を務める国家）の主権はジャワとスマトラに限定する　2、1949年までにインドネシア共和国とインドネシア共和国以外の地域（ボルネオ、東インドネシア）で「インドネシア連邦共和国」を樹立する　3、インドネシア連邦共和国とオランダ王国は、オランダ国王を首長とする「オランダ・インドネシア連合」を組織するというインドネシアの実権を制限し、最終的な主権はオランダ国王がもつという内容だった。スカルノはこの協定を「革命の炎に対する冷たいシャワー」と酷評している。インドネシア国内では不満が爆発し、協定を推し進めたインドネシアのシャフリール首相の内閣は総辞職。これをきっかけに「警察行動」とオランダが称する空爆を含む全面攻撃が始まることになる。

※2
しかし、オランダの諦めの悪さもすさまじかった。国際社会の圧力によって和平路線を選ばざるをえなかったオランダだが、1949年8月23日にインドネシアとの間で行なったハーグ円卓会議で提示した条件は、スカルノ率いるインドネシア共和国の領土はジャワ島中部のジョグジャカルタだけとし、それ以外の地域は15の自治区・自治地域に分割したうえでオランダの傀儡政権を配置し、インドネシア共和国と15の傀儡政権を併せて「インドネシア連邦共和国」をつくるというものだった。つまり、この期に及んでも実質的な植民地化を押し付けてきたのである。スカルノはこの条件をしかたなく飲むが、各自治区・自治地域は独立を目指してスカルノのもとに合流していく。そしてスカルノはインドネシア全域を単一国家として改めて「インドネシア共和国」の設立を宣言したのである。

※3 牧野正一（1912年~1971年）
太平洋戦争中、軍属としてインドネシアへ出奔。その際の肩書は陸軍士官、海軍警部など諸説あり、確認ができない。インドネシア独立後は現地の海軍学校で柔道の普及に尽力した。

第2章 フィリピン

〈戦前の呼称：アメリカ領フィリピン〉

Data of During the Pacific War

首都：マニラ
宗主国：アメリカ
成立：1898年～（スペイン統治時代は1565年～1898年）
人口：1658万5000人（1940年）※
主な言語：タガログ語、英語、スペイン語
主な宗教：キリスト教

※History Database of the Global Environment (2006)を引用。

The present data

首都：マニラ
独立：1946年7月4日
国土面積：30万km²
人口：1億330万（2016年）
主な言語：フィリピノ語（タガログ語を基礎に1962年に成立）、英語
主な宗教：キリスト教

1 【フィリピン統治の実態】“アジアの解放者”日本はフィリピンにとって邪魔者だった？

◆宗主国アメリカとフィリピンの約束

「自分たちはハズレクジを引いた――」

フィリピン攻略戦を指揮した日本陸軍第14軍初代司令官、本間雅晴中将[※1]はフィリピンの実情を目の当たりにしてこう嘆いたという。

「アジアの解放」という大義名分を掲げた日本軍のアジア進出は、植民地支配に苦しむ多くのアジア諸国に歓迎された。しかし、フィリピンは事情が違った。宗主国であるアメリカから、1946年7月に独立させるという約束をすでに取り付けていたのである。

日本軍がフィリピンに進軍したのは太平洋戦争開幕と同日の1941年12月8日。首都マニラを1ヶ月あまりで制圧し、他のアジア各国と同様に軍政を施行する。

フィリピン人から見れば、せっかく目前に迫った独立に水を差された形だ。実質的な侵略者にほかならなかった日本軍に対する民衆の視線は基本的に冷ややかであり、こうした軋轢《あつれき》は、フィリピン住民の苛烈な抗日運動へとつながっていく。

そもそも、フィリピンは東南アジアの国々のなかでも異色の存在だった。

7000以上の島々からなるこの国は、紀元前1000年頃に移住してきたマレー系の民族をルーツとしていた。その長い歴史にもかかわらず統一国家が樹立されたことはなかったが、バランガイと呼ばれる30から100家族程度の血縁集団が各地に点在し、穏やかで素朴な生活が営まれていた。

そんなフィリピンの運命が急転するのは1521年。世界史上初の世界一周を成し遂げたことで知られる、スペインのマゼラン一行が到来してからのこと。

一行の報告をうけた時のスペイン国王フィリップ2世は、香辛料貿易の要衝としてフィリピンの植民地化を指示。1572年までにフィリピンのほぼ全域を影響下に置いた。

多くのアジアの国々が本格的に植民地化されるのは1800年代に入ってからのことで、フィリピンは東南アジアにおいて最も早く植民地化された地域だった。

もうひとつ興味深いのは、フィリピンは東南アジアで最初の独立闘争が起きた地域でもあることだ。

それまで統一国家も統一宗教ももっていなかったフィリピン人は、スペイン人の社会分析の基準からすれば「野蛮人」の集団であり、徹底的なキリスト教化が行なわれ、奴隷的な強制労働と搾取が横行した。

こうした圧政に抵抗する形で、まず1587年に有力な首長らが反スペイン同盟の結成を計画する。これは事前に阻止されてしまうが、これを端緒として19世紀末までに実に100回以上の大小さまざまな反乱が起きたとされる。

つまり、スペイン統治時代のフィリピンはつねに独立闘争の炎がくすぶり続けていたわけだが、こうした状況下で登場するのが当時新興国だったアメリカだった。

19世紀末、植民地を有していなかったアメリカはその争奪戦に加わろうとした。

そして当時スペインの植民地であり、経済的にはアメリカと密接な関係があったキューバをめぐって米西戦争を起こし、どさくさにまぎれてフィリピンを手中に収めてしまうのである。[※2]

ここで生じる疑問は、支配者がスペインからアメリカになったところで、独立を目指す民衆の志は変わらないのではないか、ということだ。

それを理解していたアメリカの植民地支配は巧みだった。

たしかにアメリカ統治が始まった当初、フィリピン人たちは武装蜂起を行なったが、アメリカは約8万もの軍勢を送り込んで数十万人の現地住民を虐殺する。しかし、これを「鞭」とするならば、アメリカは手段を「飴」に変え、フィリピン人たちを手なずけていったのである。

ニューヨークジャーナルに掲載されたフィリピン侵略の風刺画。フィリピン人を銃殺するアメリカ兵が描かれ、「10歳以上は皆殺し」とある。

◆アメリカ化したフィリピン

アメリカは各地に無償の小中学校や大学を開設し、フィリピン人に教育の機会を与えた。さらにフィリピン人有力者による政党の結成を認め、英語ができる者は地方官吏に登用するなど、社会参加の機会を設けている。極めつけとなるのが１９３４年の「フィリピン独立法」の制定をもって、フィリピン独立を約束したことだ。

この一連の施策に見覚えはないだろうか。日本が太平洋戦争時にインドネシアや後に述べるビルマなどで行なった軍政とそっくりなのだ。

太平洋戦争で雌雄を争った日本とアメリカは、対極にある国家だと思われがちだ。だが、両者の東南アジ

アの国々に対するスタンスには奇妙な類似がある。資源の供給地や交通の要衝の確保という実利的な目的をもちながらも、日本は「アジアの解放」、アメリカは「未開の地に文明の恩恵を与える」という理想主義的な使命感を抱いていたのである。

しかし、このふたつの国には決定的な違いがあった。経済力である。日本が統治した国々は戦争の劣勢もあって、おしなべて物資の欠乏に悩まされるが、アメリカはフィリピンにきわめて豊かな生活をもたらしたのだ。

現在のフィリピンは「東南アジアの劣等生」と呼ばれるほど貧しい国だが、アメリカ統治時代のフィリピンはアジアでも有数の高い生活水準を誇り、近代的なビル、自動車、ジャズ、ハリウッド映画といった西洋文明の恩恵があふれていた。

フィリピン人歴史家[※3]レナト・コンスタンティーノは「(フィリピン人は)アメリカ的価値観をもつ『小さい茶色いアメリカ人』になっていった」と語っている。その言葉の通り、当時のフィリピン人はアメリカが自分たちに輝かしい未来を与えてくれると信じ、忠誠を誓っていたのである。

◆失敗した日本軍政

1942年12月に撮影された日本語教育の様子。このような日本化政策は「価値観の押し付け」と受け取られ、住民の反感を招いた。

そんなフィリピンの社会は、日本軍の到来をどう受け止めたのだろう。

極論すると、日本軍が行なった施策で好意的に受け入れられたものは皆無だった。

日本軍はほかの東南アジアの国々と同様、学校の開設などを行なったが、そういったインフラはアメリカ統治時代から充実しており、効果は薄かった。むしろ学校教育に日本語のカリキュラムを盛り込んだり、キリスト教社会に天皇崇拝を強要したりしたため、民衆には混乱が広がった。

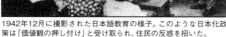

そして、フィリピン民衆の心をもっとも冷え込ませたのは経済政策だ。

戦前のフィリピンの貿易は輸出の80パーセント、輸入

大東亜共栄圏の理想を民衆に伝えるため、日本軍はアジア各地で新聞や放送、ビラなどで盛んに宣伝を行なった。写真はフィリピンで日本軍の戦況を説明する宣伝班員。（出典：NHK取材班『ドキュメント太平洋戦争５　踏みにじられた南の島　レイテ・フィリピン』角川書店1994）

の70パーセントをアメリカに依存していたが、それが途絶えたことで経済は機能不全に陥った。

さらに日本軍はフィリピンの通貨を廃止し、人々の貯蓄を紙切れに変えた上、※4軍票《ぐんぴょう》を乱発して壊滅的なインフレを引き起こした。日本統治時代の３年間でフィリピンの物価は１００倍以上に跳ね上がった。

なぜこうも失策を繰り返したかといえば、ひとえにフィリピン社会に対して無知だったためと考えられる。

軍政を行なった第14軍の大槻《おおつき》章《あきら》大佐（当時）は、戦後のＮＨＫのインタビューで「フィリピンについては、全然知らん。知識がないの。これではいかんというので、『崩れゆく比律賓』という本をマニラに行くまでの間に読んだんです」と語っている。

統治する側の人間が、支配域の情報をたった一冊の本でまかなうつもりだったのも驚きだが、現地の会議で大槻大佐はフィリピンにもっとも造詣が深い人物ということになり、各施策を主導したというから開いた口が塞がらない。

冷え込むばかりの民衆の心をつかむため、日本軍は「宣伝」に力を入れた。「フィリピン人のフィリピン」というスローガンを掲げ、ビラやラジオ放送によって、現在の豊かさはアメリカが与えた仮初めのものであり、自分たちの力で立ち上がってこそ本当の繁栄を得られると説いたのだ。

しかし「本当の繁栄」といっても、それがどんなものなのか非常に曖昧だ。一方で、アメリカがフィリピン人に約束したものは豊かな生活と近々の独立である。実際にその地で生活する人々がどちらを選ぶかは考えるまでもない。

フィリピン人歴史家、テオドロ・アゴンシリョ※5は「(フィリピン人は)日本人が約束する『フィリピン人のフィリピン』など、まったくのお笑い草にすぎないと見抜いていた」と述べている。

たしかに日本軍はフィリピンから物資を徴用し、憲兵隊は民衆に平手打ちなどの暴力を振るっていた。こうした実態の前では、高尚な理念も空回りするばかりだったのだ。

※1 本間雅晴(1887年11月27日~1946年4月3日)
日本陸軍軍人。最終階級は中将。太平洋戦争においてフィリピン攻略を任務とする第14軍を指揮。その際に兵士による強姦や略奪を厳格に禁止するなど、規律を徹底させた。日本敗戦後は銃殺刑に処された。その判決はフィリピン攻略戦

でアメリカ軍の指揮をとっていたマッカーサーの復讐だったともいわれる。

※2
アメリカは「スペインからフィリピンを解放するためにやってきた。我が国は領土、国庫収入および自然資源が豊かであり、植民地を必要としていない」と発表し、フィリピンからスペインを追放する際に、フィリピン人独立勢力の協力を得た。しかし最終的にアメリカはこの約束を反故にして植民地支配に乗り出した。

※3 レナト・コンスタンティーノ（1919年3月10日～1999年9月15日）
フィリピン人歴史家。戦前はアメリカに留学し、日本統治時代は抗日運動に参加した。戦後は全国紙へのコラムを執筆し、外務省顧問、フィリピン大学教授などを歴任。対日外交や社会問題において、フィリピンメディアでは必ず意見を求められたフィリピンを代表する文化人。

※4 軍票
戦争時に占領地などで、軍隊が使用する紙幣の一種。太平洋戦争で日本は軍票を乱発したため、アジア各地で深刻なインフレを招いた。

※5 テオドロ・アゴンシリョ（1912年10月9日～1985年1月14日）
フィリピンの歴史家、作家。1985年にフィリピン人研究者に対する最高賞である「ナショナル・サイエンティスト・オブ・ザ・フィリピンズ」を受賞した。

2

【フィリピン攻略戦の裏側】

あのマッカーサーは日本軍に敗北していた？

◆フィリピンの支配者マッカーサー

フィリピン中部に位置するレイテ島。熊本県とほぼ同じ面積を有するこの島は、戦争末期にフィリピン奪還に乗り出したアメリカ軍の上陸地点であり、太平洋戦争最大の激戦地のひとつ。そしてフィリピンにおける日本軍の敗北が決定的になった土地だ。

この島の東側に広がるレイテ湾の海岸沿いには、日本人にもよく知られたアメリカ軍人の像が立っている。

連合軍南太平洋方面軍最高司令官ダグラス・マッカーサー。[※1]敗戦後の日本に降り立ち、ＧＨＱのトップとして占領地統治を指揮した人物である。

マッカーサー

面積は約7214平方キロメートル。人口は約200万人。太平洋戦争では島の全域が戦場になり、駐屯していた日本軍はほぼ全滅。生還率は3パーセントともいわれる。

実は、アメリカ統治時代のフィリピンは彼と密接な関係があった。

マッカーサーは1880年、フィリピンの初代軍政総督を務めたアーサー・マッカーサーの三男として生まれた。アメリカ陸軍に入隊後、たびたびフィリピンでの任務にあたったが、本格的にこの地に根を下ろすのは1935年以降。陸軍参謀総長の任期を終えたところをフィリピン政界に請われ、フィリピンの軍事顧問に就任してからのことだった。

彼はフィリピンの[※2]独立準備政府の初代大統領[※3]マニュエル・ケソンと極めて親密な関係を構築。フィリピン内の鉱山などに多額の投資を行ない、フィリピン財政界の影の支配者とも呼べる地位を固めていった。

この時期のマッカーサーは軍を退役した形になっていたが、太平洋戦争が現実味を帯び始めた1941年7月になると現役復帰し、中将として在フィリピンアメリカ極東陸軍司令官に就任。戦争開始とともにフィリピン占領を目指す日本軍を迎え撃つことになった。

戦争を体験した世代でなくとも、マッカーサーといえば絶望的な敗戦とアメリカ軍の圧倒的な強さの象徴としてとらえる日本人は多いだろう。そんな彼がフィリピンであまりにも無様な敗北を喫したと聞いたら驚くだろうか。

マニュエル・ケソン大統領とマッカーサー。2人は非常に親密で、マッカーサーはよくケソンの自宅で食事をし、日本に対する防衛策を議論していたという。

実際、太平洋戦争開幕当初の日本軍は非常に強かった。

日本軍が上陸から1ヶ月あまりで首都マニラを占領すると、マッカーサーはマニラから湾の対岸にあたるバターン半島に軍隊を集結させ、日本軍を迎え撃つ態勢を整えていた。

日米決戦が迫るなか、アメリカのルーズベルト大統領はフィリピン向けの放送で「日本軍に対して、集中的で十分計画された反撃を開始しようとしている」と、戦況はフィリピンに有利であるかのような発言をしている。だが、実態はその真逆だった。

アメリカは真珠湾攻撃によってハワイの基地を失い、フィリピンへの物資の輸送ができなくなっていた。

そのため日本軍の最初の攻撃が始まった頃にはすでに1人あたり30日分の食糧しかなく、さらには医療品なども不足し、戦闘員の大多数がマラリアを患っているという有り様だったのだ。

日本軍の第一次攻撃は退けたものの、日本軍は各地から増援部隊を集め、大規模な再攻撃の準備を整える。アメリカ極東陸軍はすでに戦える状態ではなく、士気も完全に消沈していた。ただ1人、マッカーサーを除いては。

彼はアメリカ本土の司令部から度重なるオーストラリアへの脱出命令を受けていたが、それを無視。降伏せずに、バターン半島が壊滅するまで戦うと強弁していた。

一見、勇猛に見えるが、司令官としては非常に無責任な判断といえる。敗北が明白であるならば、兵士の命を守るために投降するのも司令官の役目だ。また兵士とともに前線で戦うのならばまだしも、マッカーサーはバターン半島沖のコレヒドール島の地下壕に籠城しており、銃弾が飛んでくる危険はなかった。

実際、無謀な戦いを強いられた兵士たちの不満は多大なもので、その心情は彼らがマッカーサーにつけた「ダグアウト・ダグ」というアダ名から察することができる。モグラ（ダグ）とダグラスをかけたもので、モグラのように安全な地下にこもっていないで戦場に出てこい、というメッセージだった。

降服するアメリカ兵。降伏はマッカーサーの後任のウェインライト中将によって行われた。

バターン半島を制圧した日本軍

兵士たちの飢えと病、不満が深刻化の一途をたどるなか、結局マッカーサーは第一次攻撃から約1ヶ月後の3月11日、コレヒドール島を脱出。難民も含めると約10万の極東陸軍を置き去りにして、オーストラリアへ逃げ延びたのだった。

そして4月3日、日本軍の第二次攻撃が行なわれ、極東陸軍は全面降伏することになったのである。

◆「死の行進」を利用したマッカーサー

マッカーサーの行為は敵前逃亡ともいえるうえ、食糧が尽きて戦えない兵士たちに戦闘継続を指示するなど、愚将と呼ばれるに足る失策を犯している。

しかし、意外なことに現在でもフィリピンで

“死の行進”の最中に撮影されたアメリカ軍捕虜

はマッカーサーの人気は高く、彼の像が建てられているレイテ島では、毎年10月10日に「日本の圧政からフィリピンを救ってくれたマッカーサーへの感謝を示す」という名目で記念祭が行なわれる。

このマッカーサーの人気は日本のフィリピン軍政が失敗した原因のひとつでもあるのだが、なぜ民衆は、敵前逃亡した彼に失望しなかったのだろう。そこには、日本軍が犯した最大の戦争犯罪のひとつに数えられる、ある事件が関係していた。

バターン半島を制圧した日本軍は、投降した捕虜の数に驚愕した。

その数は約7万。予想していた捕虜の数2万5000人をはるかに上回っていたのだ。

問題となったのが、この膨大な捕虜をどう養うか、である。現場の食糧は全く足らず、収容する場所もない。そこでバターン半島の付け根に位置するサンフェルナンドまで移動させることが決まった。

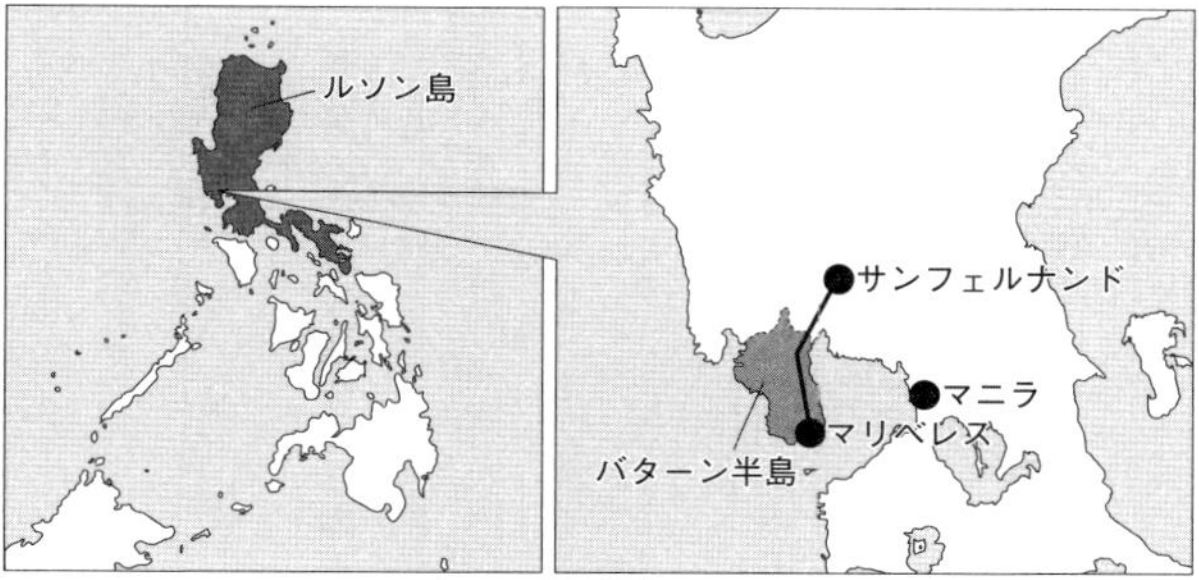

バターン死の行進のルート

これが悲劇の始まりだった。

トラックを使用することも検討されたが、そのほとんどが修理中で、捕虜たちは最長で120キロメートルを徒歩で移動することになった。

道のりの大半は炎天下の熱帯雨林。行軍は4日間にもわたり、捕虜たちは飢えや病、長期の戦闘による過労から次々と命を落としていった。資料によって犠牲者数はさまざまだが、1万人とも1万7000人とも言われる。[※4]これが悪名高き「バターン死の行進」である。

この悲劇的な事件こそ、マッカーサーがフィリピンでの支持を維持するための最大の好機だった。

彼は脱出先のオーストラリアでバターン死の行進の知らせを受けると、「日本軍は捕虜をもてあまし、過酷な道のりを歩かせることで意図的に虐殺した」として、フィリピンを解放するために自分は必ず戻ると演説を打った。そして「アイ・シャル・リターン」（私は必ず戻る）とい

う スローガンをビラやラジオ放送でフィリピン中にばら撒いたのだ。
この単純明快なスローガンはフィリピン民衆の心を見事に掴んだ。そして敵前逃亡という失態を覆い隠し、民衆の反日・親米の心理を確固たるものにしたのである。

◆死の行進の責任は日本軍だけのものか

バターン死の行進は終戦後の軍事裁判でも取り上げられ、バターン半島の作戦を指揮した本間雅晴中将は捕虜虐殺の容疑で銃殺刑に処された。

しかし、本間中将は法廷に召喚されたとき、事情が全く飲み込めなかったといわれる。歴史的には日本軍の組織的な捕虜虐殺といわれることが多いバターン死の行進だが、本当にそうだったのだろうか。

「炎天下を歩き弱っている彼らを見て、かわいそうにと思い、お粥の炊き出しをやったんですよ。フィリピン人捕虜は親米から親日へ教育し直して釈放する、というのが我々の立場でしたから。それなのに、『死の行進』が真珠湾奇襲と並んで、日本軍の非道さを強調する宣伝材料とされたんは、残念です」

軍の宣伝班として現場にいた人見潤介宣伝課長（当時）はＮＨＫにこう証言している。

事実、捕虜の健康状態を知った本間中将は出来る限りの措置を行なうよう各部隊に通達しており、日本兵は自分たちの食糧を分け与え、暑さを避けるため夕方と早朝だけ行進させるといった配慮が行なわれていた。そもそも捕虜を収容所に移送しなければ、その場で野垂れ死にすることになり、より多くの死者が出た可能性もあるのだ。

日本兵も捕虜もほぼ同じ食事をしていたのに、捕虜ばかりが命を落としたのは、やはり直前までの健康状態の差が大きいだろう。そうなれば、無意味に降伏を遅らせ、兵士を消耗させたマッカーサーにも非がないとはいえない。

ただし、一部の部隊による捕虜の処刑が行なわれた痕跡や、「水を飲むのを許されなかった」といったフィリピン人の証言があるのも事実だ。[※5] 組織的な虐殺だったのか、想定外の数の捕虜を抱え込んでしまったために起きた事故だったのか、断言するのは難しいというのが現状なのである。

※1　ダグラス・マッカーサー（1880年1月26日～1964年4月5日）最終階級はアメリカ陸軍元帥。1945年8月30日に来日し、連合軍最高司令官としてGHQを指揮し、日本の占領政策を取り仕切った。

※2　独立準備政府
1934年、アメリカはフィリピンを1946年に独立させることを決め、フィリピン人による自治を容認。独立準備政府（1935年11月成立）はその間の暫定的な自治を行なうための政府で、フィリピン人であるマニュエル・ケソンが大統領を務めていた。

※3 マニュエル・ルイス・ケソン・イ・モリーナ（1878年8月19日〜1944年8月1日）

独立準備政府の初代大統領。愛国主義的な政治家だったが、日米開戦とともにマッカーサーから疎開を命じられ、苦悩しながらアメリカへと渡る。アメリカでは亡命政権を樹立したが、フィリピン独立を目にすることなく、太平洋戦争中に他界した。現在のフィリピンの20ペソ紙幣に肖像が使われている。

※4

さらに補足しておくとアメリカ極東陸軍はフィリピン兵8割、アメリカ兵2割で構成されていたが、死者の9割はフィリピン人だった。食糧や医薬品の配給でアメリカ兵は優遇されており、フィリピン人の方が、栄養失調が深刻だったためだ。

※5

捕虜として死の行進に参加したフィリピン犯罪大学のエンリケ・ガラン教授はＮＨＫのインタビューで「よく歩けない将校はピストルで撃たれました。食糧も与えられず、水を飲むことも禁じられたのです」と語っている。捕虜を連行する部隊によって対応の違いがあった可能性はあるが、明らかに人見潤介宣伝課長の証言と矛盾する。

3

【ゲリラとの戦い】

日本軍への恨みを産んでいった壮絶なゲリラ討伐

◆フィリピン独立へ。しかし国民は……？

日本軍がやってきてから約1年10ヶ月後、1943年10月14日にフィリピンは独立宣言を行ない、日本軍政は撤廃された。もちろん、これは日本軍によって主導されたものだ。アメリカに約束されていた1946年よりも3年早い独立。「アジアの解放」を謳う日本軍にしてみれば意地の見せ所といえる措置だったが、その背景には切実な事情があった。ガダルカナル島の陥落、山本五十六の戦死……。1943年に入り、日本の戦況は急速に悪化しており、太平洋戦争の主導権はアメリカが握りつつあった。

戦況の回復を目指し、この年の5月末、御前会議において「大東亜政略指導大綱」が採択され、占領地の協力を求めるため、ビルマとフィリピンを独立させることが決定する。

これにあたって東條英機首相は独立後のフィリピンの大統領に就任することになる※1ホセ・

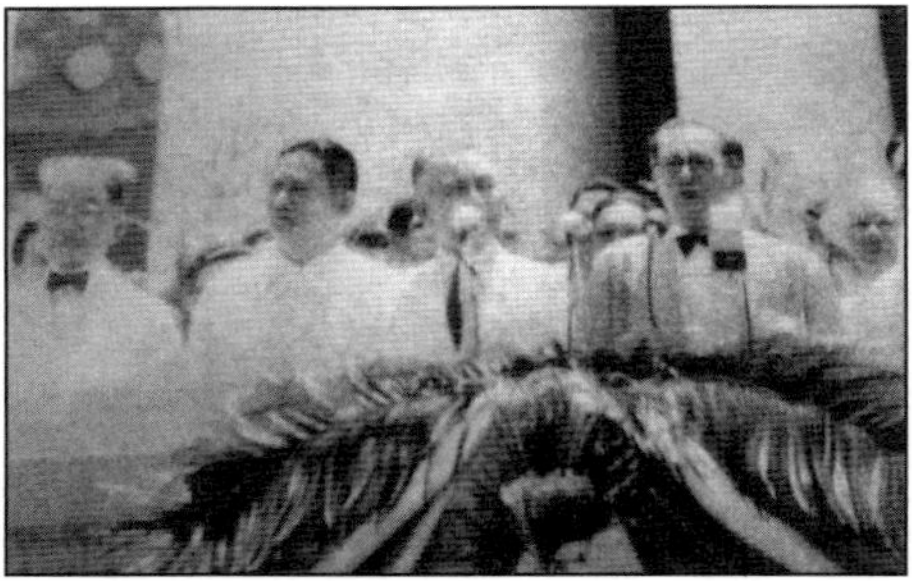
10月14日に行なわれたフィリピン独立の式典。右のマイクの前の人物が大統領に就任したラウレル。

ラウレルに「独立とともに米英に宣戦布告する」という密約を迫った。が、ラウレルは「フィリピン人はアメリカに恨みを持っていない。国民を犠牲にできない」と拒否。

結局、日本軍がフィリピンの防衛を続け、フィリピンはそれに協力を続けるという軍事同盟の締結を落とし所として独立が許可された。

戦争協力と並んでもうひとつ日本が必要としていたのが、民衆の人心掌握である。

民衆の反日感情は極めて深刻な水準に達しており、抗日ゲリラの活動が激化の一途を辿っていた。フィリピンの独立を許可することでそうした感情をなだめようとしたのだ。

確かにこの時期の在フィリピン日本兵の体験は筆舌に尽くしがたい。

各部隊が軍司令部に提出する報告書には、連日のように道路や橋の破壊、電話線の切断、移動中の部隊への襲撃といった文字が躍り、「昼間は歩けない」という悲鳴のような証言も残されている。

当時のフィリピンを知る参謀部の市木千秋情報将校は、ＮＨＫのインタビューに「日本軍が動物園の檻の中にいるようなもん」とまで語っているのである。

独立によって、こうしたゲリラ活動は鳴りを潜めたのだろうか。結論から述べると、そんなことはなかった。

独立が認められたものの、日本軍は物資の徴用や資源の開発を我が物顔で行ない、政府に対する内政干渉も頻発した。独立が民衆をなだめるための政治的パフォーマンスであることは誰の目にも明らかであり、フィリピン人の反日感情や、ゲリラ活動が沈静化することはなかったのだ。

内政干渉をしているという点では、同時期に独立したビルマに対しても同様だったが、ビルマが独立を熱狂的に歓迎したのは、もとからの対日感情の違いなのかもしれない。

だが、もうひとつ、無視できない点がある。ゲリラを陰で操るマッカーサーという指導者の存在である。

◆疑わしきは殺せ

ゲリラの主体となったのは、かつてのアメリカ極東陸軍のフィリピン兵だった。日本の占領によって軍が崩壊した後も、彼らの一部は降伏せずに山中に逃げ込んでいたのだ。
マッカーサーは彼らに目をつけ、給料の支払いを約束し、潜水艦で兵器や無線機、医療機器などを送り込んでゲリラ集団を編成していく。

こうしたゲリラ集団は大本営陸軍部がまとめた資料「最近ニ於ケル比島事情」によると、フィリピン独立の時点で100以上の組織、人数にして27万人のゲリラが存在したという。

戦争において他国を占領する場合、その成否はゲリラをどう鎮圧するかにかかっているといっていい。現に、単純な軍事力では圧倒的に勝っていたアメリカはゲリラに悩まされ、ベトナム戦争に敗北しているし、イラク戦争でも非常に苦労した。

ゲリラ鎮圧において、もっとも難しいのが軍服を着ていないゲリラと民間人をどう見分けるかだ。日本軍は手を焼いた結果、民衆ごとゲリラ討伐を行なうという、もっとも愚かな選択をしてしまう。それが泥沼の戦乱の入り口だった。

当時、フィリピン外相[※2]クラロ・レクト[※3]が和知鷹二参謀長宛に送った手紙の一節からゲリラ討伐の模様が見て取れる。

「年齢や性別に関係なく、生きたまま焼かれたり、銃剣によって殺され、首をはねられ、情け容赦なく殴られ、各種の拷問にさらされたという報告が数千件も寄せられています。不幸にして罰せられた者の多くは実際は無実です。罪を犯したといっても、多くの場合、息子や兄弟がゲリラのメンバーであるとか、ゲリラに脅されて食糧を差し出したというだけなのですから」

フィリピン人ゲリラ。ボロと呼ばれる蛮刀を振り上げている。（出典：NHK取材班『ドキュメント太平洋戦争5　踏みにじられた南の島　レイテ・フィリピン』角川書店 1994）

ゲリラの恐怖に背中を押された日本兵たちの弾圧は徹底的だった。その姿勢を一言で表すなら「疑わしきは殺せ」が適切だろう。

攻撃してくる者はもとより、ほとんど証拠がない者も捕らえた。すると討伐隊よりも捕らえたゲリラの方が多くなり、彼らに与える食糧がないため殺害するということが繰り返された。

その一方で、日本軍に食糧などを提供した一般のフィリピン人がゲリラに殺害されるという事件も多発していた。もちろん、進んで日本軍に協力したわけではない。当時の日本軍は、食糧などを現地調達、こういうと聞こえはいいが、つまり現地の人々から徴用することで賄っていたのだ。

食糧の提供を断ればゲリラの仲間として日本軍

に殺され、食糧を提供すればゲリラに殺される。地獄のような板挟みのなかで、戦争と関係のない民衆は苦しみ、その恨みは戦乱の元凶である日本軍へと収束していくのだった。

※1　ホセ・ラウレル（1891年3月9日〜1959年11月6日）
独立準備政府から数えて、フィリピン三代目の大統領。日本に協力的な路線をとったが、日本の敗戦が決定的になると日本へ亡命。敗戦後は戦犯として指定される。しかし1948年に恩赦を受け、その後は再び政界で活躍した。

※2　クラロ・M・レクト（1890年2月8日〜1960年10月2日）
1934年、アメリカが認めた独立のための憲法を制作する制憲議会議長を務め、フィリピン第二共和国では外相を務めた。反米的な思想で知られ、独立期のフィリピンでもっとも重要な政治家のひとりとされる。

※3　和知鷹二（1893年2月1日〜1978年10月30日）
最終階級は陸軍中将。太平洋戦争が開戦すると参謀長として第14軍に参加。バターン攻略戦ののち、軍政監も兼任。戦後は戦犯となり、重労働6年の判決をうけた。

4

【アメリカのフィリピン奪還作戦】

マニラ10万人虐殺の真実とは？

◆フィリピンに現れた地獄

約110万人。これは太平洋戦争終戦後、フィリピン政府が発表したフィリピン人犠牲者の数である。

日本が進軍した当初から戦乱の火種が絶えなかったフィリピンだが、太平洋戦争末期にかけてはさらに状況が悪化し、その凄惨さから「世界最悪の戦場」と呼ばれる惨禍に見舞われることになる。何がフィリピンを地獄へ変えたのか。その要因を追ってみよう。

1944年10月、マッカーサーが大軍を率いてフィリピンに舞い戻ってきた。

第二次世界大戦最大の海戦であるレイテ沖海戦の開戦を目前にひかえるなか、10月20日、連合軍第6軍がレイテ島への上陸作戦を決行。同島に展開していた日本陸軍第16軍2万人

レイテ島に上陸するアメリカ軍

が迎え撃つことになったが、戦闘が始まる前から勝敗は決しているようなものだった。

第16軍はゲリラの妨害によって陣地をほとんど設置できておらず、さらには兵力数、砲台や戦車の数や位置、地下に隠した燃料タンクの位置など、あらゆる情報がゲリラによって連合軍側へ筒抜けになっていたのだ。

連合軍の艦隊は南北が１３０キロメートル、東西の奥行きは60キロメートルにもなるレイテ湾を埋め尽くすほどの物量で、激しい艦砲射撃を行なった。照準は日本軍の拠点を正確に捉えており、戦闘が始まった20日だけで約５０００人の日本兵が死傷する。そこへ約６万もの連合軍兵士が攻め込み、戦闘開始から４日で第16軍は３分の２以上の兵力を失ったといわれている。

だが、これは日本軍の悲劇の序章に過ぎなかった。

待ち望んだマッカーサーの帰還、積もり積もった日本軍への恨み、このふたつの要素が交差したとき、ゲリラと民衆は日本軍への復讐を開始したのだ。

「3人の日本兵が歩けないほど弱っているのを確認したのち、ひとりひとりを引き離し、背中から突き倒し、大きな棍棒で後頭部を殴り、殺しました」

こう語るのは戦時中ゲリラの協力者だったアレホ・アリエスガード氏。彼は日本兵に祖父を殺されていたという。

レイテ島に上陸するマッカーサー（中央のサングラスの人物）

敗走し、散り散りになった日本兵はレイテ島のあちこちで捕らえられ、殺されていった。弾薬も、食糧もない。畑から作物を盗んで命をつないだが、銃で武装した農民から撃たれることもあった。

だが、銃で殺された者は幸運だったかもしれない。多くの日本兵は民衆に取り囲まれ、手足を切り落とされるなど、なるべく苦痛を与えられてから殺されている。そうした遺体は屋外に放置され、一部の日本兵は生き延びるためその肉すら食べたといわれるが、彼らも最終的には同じ運命を辿った。

１９４４年12月下旬、大本営はレイテ島の放棄を決定。残された日本兵は島の北西部のカンギポット山に立てこもったが、アメリカ軍の砲爆撃によって壊滅した。戦闘開始後に送り込まれた増援を含めるとレイテ島で散った日本兵は約8万人。97パーセントの者が生きては帰れなかった。

太平洋戦争を振り返る時、戦場で亡くなった日本兵たちは、大東亜共栄圏という無謀な国策のツケを払わされた犠牲者と言われることが多い。たしかにそれは事実だ。

しかし、やはり最大の犠牲者は占領地の民衆だろう。

憎しみの連鎖が生み出した狂気は、民衆を被害者にするのと同時に加害者にした。これこそが戦争の最大の罪なのではないだろうか。

◆首都マニラで起きた虐殺の真相

混乱を極めた太平洋戦争末期のフィリピンにおいて、もっとも悲惨な事件のひとつとして語り継がれるのがマニラ虐殺だ。

レイテ島での敗北が決定した後、主戦場は首都マニラがあるルソン島へ移行。

連合軍は1945年1月9日に上陸を開始し、ルソン島防衛の任を受けた山下奉文《やましたともゆき》大将（146ページ参照）は持久戦に持ち込む構えをとる。しかし、連合軍の圧倒的な物量を前に日本軍は後退を続け、ついにはマニラへと追い詰められてしまった。

マニラ虐殺のあらましは、連合軍に包囲されたことで日本軍が自暴自棄になり、マニラ市民10万人を殺害したというもの。今日においても、フィリピン人の心にしこりを残す事件のひとつである。

この事件については終戦後、司令官だった山下大将がマニラの軍事法廷で虐殺の罪を問われ、絞首刑になっている。

だが、すべてが日本軍の責任なのだろうか。

確かに、日本軍による虐殺はあった。

山下大将の裁判では、海軍陸戦隊がマニラ市内の部隊に下達した命令書が証拠として提出されている。

そこには「フィリピン人を殺すには極力一箇所にまとめ、爆薬と労力を省くごとく留意せよ。死体処理うるさきを以て、焼却予定家屋に集め、あるいは川に突き落とすべし」などと、組織的な住民殺害の指示が記されていた。

まさに軍として末期的な状態であることを示す狂気の命令だが、ゲリラに怯えきっていた日本兵たちは実行に移してしまう。後にマニラに入ったアメリカ軍は、路上で後ろ手に縛られた男性の遺体や側溝に積み重ねられた遺体の山を確認している。

しかし、実際には日本軍による犠牲者よりも、連合軍による犠牲者の方が多いといわれているのだ。

1945年5月に撮影された戦闘終息後のマニラの様子。原形を留めている建物の方が少ない。

連合軍は市内の日本軍を殲滅するため、マニラ全体を無差別に砲撃した。具体的な数字は明らかになっていないが、これによって多数のフィリピン人が巻き添えになり、マニラの大部分は廃墟と化したのである。

フィリピン全体での統計だが、連合軍の砲撃や空爆によって、公共施設は全体の80パーセント、個人資産の60パーセントが破壊されているという。

これは連合軍が責任を追及されてもおかしくない状況だ。しかし、砲撃の司令官だったマッカーサーは山下大将にすべての責任を押し付け、自分に波及することを回避したのだ。

この砲撃による被害については、客観的に見ても、山下大将に非があるとはいえない。むしろ逆で、彼は連合軍のルソン島上陸が目前に迫ると、マニラに戦火が及ぶのを避けるため、非武装都市宣言を行なって陸軍の部隊を東方の山中に移動させているのだ。

しかし、大本営と海軍はこの措置に反対。海軍を中心とした約1万5000人の日本兵が残留することになり、連合軍の砲撃を招いたのである。

歴史と事実は必ずしも一致するものではない。マニラを廃墟にしたマッカーサーは救国の英雄となり、マニラに戦火が及ばぬよう尽力した山下大将は虐殺の指導者という汚名を着せられた。歴史は勝った者がつくるのだ。

一方で、事実は実際に血を流した者の心に横たわり続ける。

フィリピン人歴史家のレナト・コンスタンティーノは、フィリピンが被った一連の被害について「二頭の巨象が戦い、地面の蟻が踏み潰されたようなもの」と語る。

フィリピンに「世界最悪の戦場」をもたらしたのは、アメリカと日本というふたつの大国のエゴイズムにほかならなかった。

5 対日協力者を待ち受けていた過酷な運命

【フィリピンの独立とその後】

◆アメリカの再占領がもたらしたもの

戦後の日本とフィリピンには、いくつかの共通点がある。

たとえば、戦争によって国土が徹底的に荒廃したこと、そして終戦からしばらくの間アメリカの影響下にあったことだ。

ところが同じような状況から再興をスタートしたにもかかわらず、日本は世界有数の経済大国に成長し、フィリピンは「東南アジアの劣等生」という不名誉な名で呼ばれるほどの貧しい国になっている。それはなぜなのだろう。

日本の敗戦後、日本軍政下で行なわれたフィリピンの独立は白紙になり、戦争終結から約1年後の1946年7月4日、改めてアメリカから独立した。多くの国民がこれを「解放」と歓迎し、現在のフィリピンの歴史認識でもその意識は根強い。

だが、それに異を唱えるフィリピン人もいる。これまでもいくつか発言を引用している歴史家レナト・コンスタンティーノはこう語る。

「あれは『解放』ではなく、『再占領』でした。アメリカは、再びフィリピンを植民地とするために戻ってきたのです。我々は日本軍に対して戦ったように、アメリカの再占領をも拒むべきでした」

たしかに独立フィリピンとアメリカの間で結ばれたさまざまな条約は、形を変えた植民地化政策といえるものだ。

たとえば、独立と前後して締結された「ベル通商法」。

1946年7月4日の独立式典。アメリカの旗が翻っているのがわかる。

この条約はフィリピンからアメリカに輸出する農作物には割当量を定め、アメリカからフィリピンへの輸出は無制限という、実質的な不平等条約だった。また、フィリピン国内の天然資源の開発や利用において、アメリカ人もフィリピン人と同等の権利をもつことが保障されていた。

こうした条約によって、もともと自己資本力が弱いフィリピン経済はアメリカ抜きでは立ち行かなくなった。そしてアメリカに輸出する一次産品を生産するため、植民地時代のなごりである大土地所有制と小作人という構造もそのまま残り、富が一極集中するいびつな社会が形作られたのだ。※1

もうひとつ、フィリピンの発展が遅れている理由として無視できないのが、タガログ語で「ウータン・ナ・ローブ」と呼ばれるフィリピン人の国民性とされる。

「一度受けた恩は忘れず、一生にわたって返すこと」といった意味になるが、辛辣な視点でみれば、自立心を欠いてアメリカにすがる「植民地根性」といわれることもある。

こうしたさまざまな要因がフィリピンの経済発展を阻み、ほかのアジアの国々が次々と飛躍するなか、現在でもＯＤＡや海外への出稼ぎ労働者からの送金に頼らざるを得ない。

「『小さな茶色いアメリカ人』であることをやめて、本当のフィリピン人になるせっかくのチャンスを、われわれは自分の手で潰してしまったのだ」

これも先述のコンスタンティーノの言葉である。

◆日本軍に協力したフィリピン人

しかしながら、フィリピンの歴史を振り返ってみれば、ここは東南アジアの植民地で初めて独立闘争が起きた土地であり、民族自決の思想はどちらかといえば色濃かった。

なぜ結果的に、アジアのなかでもとくに自立が遅い地域になってしまったのかは非常に興味深い点である。

アメリカの植民地支配が巧みだったというのは大きな要因だが、戦前からアメリカに迎合することを危険視し、日本軍に協力したフィリピン人もいた。最後に彼らがどのような運命を辿ったのかに触れておきたい。

アルテミオ・リカルテ[※2]は、おそらくフィリピンの歴史のなかでもっとも反欧米的な独立運動家である。

アルテミオ・リカルテ。1899年に撮影。

フィリピンがアメリカ植民地になると多くのフィリピン人がアメリカに忠誠を誓っていくが、リカルテは断固として拒否し、何度も国外追放や幽閉を経験。そして1915年、上海の牢獄から脱獄し、日本へ亡命していたという経緯をもつ。

彼が思い描いていたのはアメリカの影響を残さない完全な独立だった。アメリカがフィリピン独立を約束した後、当時の大統領だったマニュエル・ケソンが来日してリカルテに帰国を勧めているが、リカルテは「フィリピンに星条旗がひるがえっている限り帰らない」と頑なに断ったとされる。そして太平洋戦争開戦後の1941年12月19日、日本軍とともにフィリピンに帰還したのである。

全体的に親米であるフィリピンだったが、独立闘争の英雄であるリカルテの人気は高く、アメリカ軍は民衆の心がリカルテを味方につけた日本軍へ傾くのではないかと危惧した。

しかし、結果的にそのようなことにはならなかった。

日本軍の軍政当局と交渉を行なっていたラウレルやバルガスなどの親米派の政治家たちが、リカルテを筆頭とした親日的な指導者たちを徹底的に表舞台から遠ざけたためだ。

というのも、ラウレルやバルガスなどはおもにブルジョワ層や大地主を支持基盤にしていたのに対し、リカルテはおもに貧しい労働者や農民に支持されていた。ブルジョワ層はそうした労働者などが力をつけ、自分たちの既得権益が脅かされることを嫌った。

そして、親米派政治家たちは、日本軍に労働者や農民を扇動する親日指導者は危険であると吹き込み、日本軍もそれを信用してしまったのである。

日本に協力的だったフィリピン人たちは極めて過酷な末路を辿ることになる。

アメリカ軍が再上陸し、日本軍が壊滅していくなか、リカルテも日本兵とともに逃避行を続けていた。日本へ亡命を勧められたが「最後までアメリカと戦う」と意志を曲げず、ルソン島の山中で非業の死を遂げた。

また、マカピリというフィリピン人部隊の存在も忘れてはならない。マカピリは太平洋戦争末期にガナップ党総裁ベニグノ・ラモスやリカルテを中核として結成された義勇軍である。※3

ルソン島の中央部に集められたマカピリ。銃を持って取り囲むのは親米ゲリラ。1945年撮影。

推定5000人に達したとされる彼らは、敗走する日本軍とともに戦ったが、食糧不足や伝染病、ゲリラの追撃によって次々と命を落とした。

特筆すべきは、彼らが日本の敗戦がほぼ確実になってから結成されたことだ。

日本が優勢ならば勝ち馬に乗るために協力してもおかしくはない。

しかし、マッカーサー配下のゲリラが給料を支払われていたのに対し、マカピリは軍としての正式な位置づけはもたず、給料も支払われていないケースがほとんどだった。彼らの背中を押したのは独立を手にしたいという愛国心だった。

戦後、マカピリ隊員は敵通者として軽蔑され、集団リンチを受けて殺される者が続出した。マカピリだったと知られれば官庁への就職もままならなかった。現在のフィリピンではマカピリと呼ばれることは最大限の侮辱にあたるという。

※1
それに対し、日本の戦後復興が迅速だった理由としては、日本の労働者の勤勉さ、行政改革を行なう官僚の権限が大きかったこと、アメリカから多大な財政支援があったことなどが挙げられる。アメリカからの支援については日本を経済大国にすることによってアジア圏に共産主義が広がることを防ぐバリアの役割を期待したとされている。

※2 アルテミオ・リカルテ（1866年10月20日〜1945年7月31日）
スペイン統治時代の反乱で指揮官としての頭角を現し、1899年のアメリカとの戦争では反乱軍の総司令官を務めた。

※3 ガナップ党
1938年に結成された反米親日政党。1930年代前半に結成されたフィリピンでもっとも急進的な反政府組織であるサクダル党から発展したもので、マニュエル・ケソンらアメリカと密接な政府と対立していた。日本軍のフィリピン上陸作戦の際には、胸に小さな日の丸をつけ、作戦に協力した。1944年10月11日、ガナップ党の構成員を基盤にマカピリが結成された。

第3章

ミャンマー

〈戦前の呼称:ビルマ〉

Data of During the Pacific War

首都:ラングーン(ヤンゴンの旧称)
宗主国:イギリス
成立:1886年※1
人口:1659万4000人(1940年)※2
主な言語:ビルマ語、英語
主な宗教:仏教

※1:1886年はビルマ全土がイギリスの支配下になった年。1824年から1885年にかけて3度行われた英緬戦争によって、ビルマの領土は段階的にイギリスに奪われていった。
※2:History Database of the Global Environment (2006)を引用。

The present data

首都:ヤンゴン
独立:1948年1月4日
国土面積:67万6600km²
人口:5289万人(2016年)
主な言語:ビルマ語
主な宗教:仏教

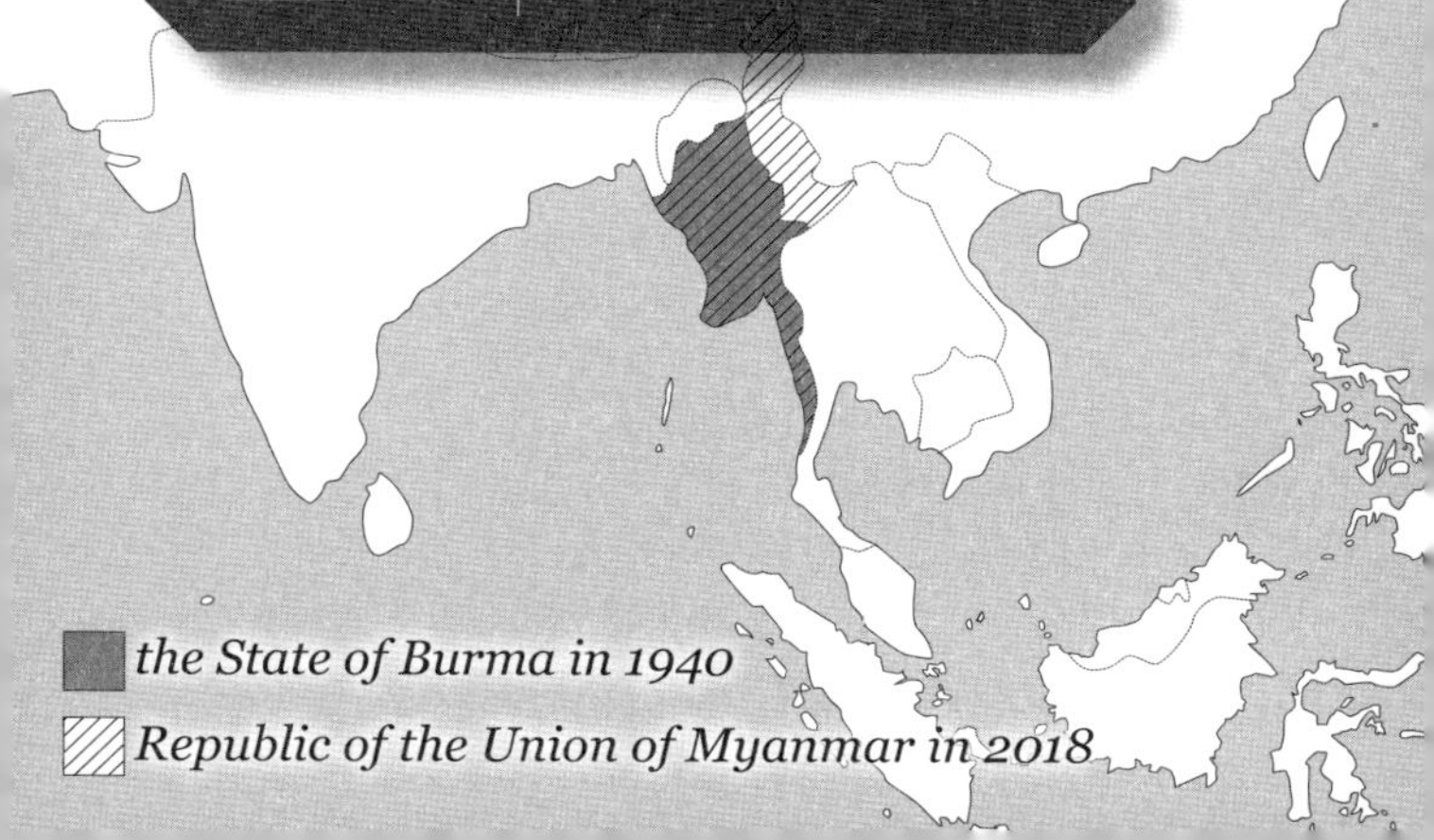

1 ビルマ独立の鍵となった「30人の志士」伝説とは？

【〝雷帝〟鈴木敬司とアウンサンの出会い】

◆イギリスに戦いを挑んだアジアの大国

ビルマ。現在はミャンマーと国名を変えたこの国は、作家・竹山道雄の児童文学『ビルマの竪琴』でその名に聞き覚えはあっても、どんな国だったかはイメージしづらいかもしれない。

太平洋戦争時、ビルマは20万人前後の日本兵が命を落とした東南アジア屈指の激戦区だった。そして政治的にも日本ととても密接な関係にあった国である。

それを象徴するのが※1ビルマ国の初代首相※2バ・モウのこんな言葉だ。

「真実のビルマ独立宣言は、※3１９４８年1月4日ではなく、１９４３年8月1日に行なわれたのであって、真実のビルマ解放者はアトリー氏とその率いる労働党政府だけではなく、東條大将と大日本帝国政府であった」

バ・モウが語る通り、日本はイギリスの植民地だったビルマの独立に重要な役割を果たしたのだが、そこにはまるで時代劇「忠臣蔵四十七人の刺客」を彷彿とさせるような伝説的な事件があったのをご存知だろうか。

30人のビルマ人青年らが南海の孤島で日本軍の訓練を受け、イギリスの支配下にあった祖国に凱旋《がいせん》し、ビルマ全土を解放したという「30人の志士」伝説。ビルマの人々はその時、何を見たのだろうか。

◆当時のビルマの領土とベンガルとの位置関係

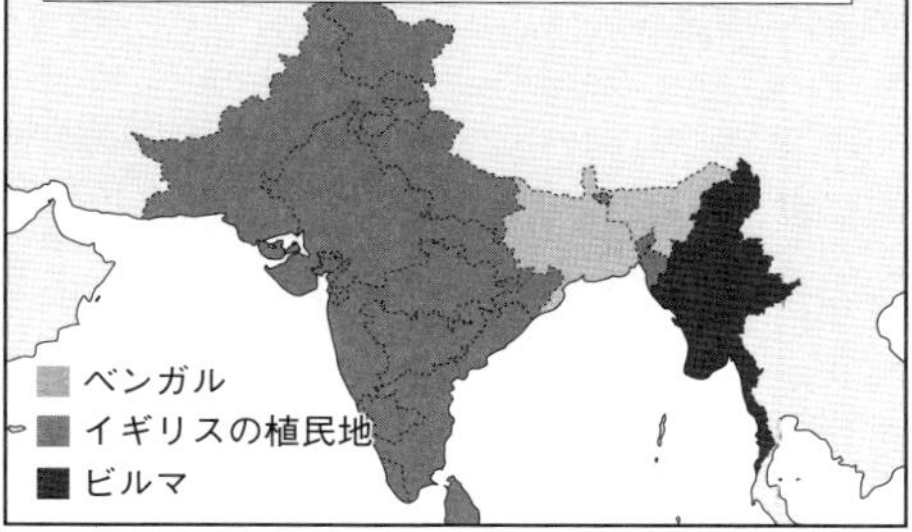

まず当時のビルマの状況を整理しておこう。

この地には9世紀頃からビルマ族が都を築き始め、パガン王朝やタウングー王朝といった強大な王朝が勃興。一時期はタイの一部を支配下に収めるほどの隆盛を誇っていた。その運命が一転するのは19世紀のこと。

領土拡大路線をひた走っていたビルマは、インドを植民地にしていたイギリスにインド東部のベンガルの割譲を要求。イギリスに拒否されると1824年に英緬戦争

イギリス統治下のビルマ。マンダレーでの野菜市場。1886年に撮影

へと突入していったのである。

当時のイギリスは名実ともに世界最強の国であり、あまりにも無謀な挑戦だった。ビルマは半世紀以上戦争を続けたものの敗北。１８８６年にイギリスの植民地となった。

イギリスはビルマを統治する際、インド領に編入し、インド副総督に統治させる「間接統治」という方法をとった。イギリス人とビルマ人の間にインド人を挟み込むことで、イギリス人への反感を薄めようとしたのだ。

だからといって、植民地支配への不満が生じないわけではない。

当時のビルマは世界最大級の米の産地だったが、商才に長けたインド人が大量にビルマへ流入し、精米から米の流通までを掌握。するとビルマ人の生活は困窮し、農村を中心に貧困が蔓延した。

こうした不満の積み重ねとともに、日露戦争における日本の勝利に端を発する民族自決の思想が波及したことでビルマ民衆に政治意識・民族意識が芽生え始め、20世紀初頭から

◆ 植民地時代のビルマの社会構造

階層	民族	職業・職種
上層	英人・欧州人	高級官僚、大企業幹部社員、軍人、教員
中間層	英系ビルマ人	公務員、教員、看護師、商工業
	中国人	流通、商工業
	インド人	金融（不在地主）、流通、商工業、地主、軍人、公務員
	（キリスト教徒）カレン人	公務員、教員、会社員、看護師、軍人
	ビルマ人	公務員、教員、弁護士、地主、自作農
下層	インド人	クーリー（港湾労働者等）、油田労働者、農業労働者
	ビルマ人	工場労働者、油田労働者、小作農、農業労働者

（根本敬『物語ビルマの歴史』中央公論社 2014を元に作成）

独立の機運が高まり始める。

ビルマと日本が一本の線でつながるのは、ちょうどこんな時代。ビルマが植民地にされてから約50年後の1937年のことだった。

◆「雷帝」と呼ばれた日本軍人

独立運動が活発化するビルマでは、タキン党[※4]という政治団体が頭角を現していた。彼らは学生運動の指導者からなり、当初はデモや集会といった非暴力的な運動を展開していた集団。書記長はアウンサン[※5]という20代前半の青年だった。

どこかで聞いたことのある名ではないだろうか。

彼は現在のミャンマーにおける民主化運動の指導者アウンサンスーチー女史の父であり、後にビルマ建国の父と呼ばれる人物だ。

タキン党の活動に転機が訪れたのは、1938年

アウンサン

から1939年3月にかけて。この時期、英国資本のビルマ石油会社の労働者によるストライキを発端として、ビルマ全土で大規模な反英暴動が起きた。

イギリス軍は武力で応じ、少なからぬ死者が出たことを受け、アウンサンを筆頭とした活動家たちは平和的な方法では独立は果たせないと痛感。そして、武力闘争の方法を模索し始めていく。

だが、イギリス植民地当局も黙ってはいなかった。アウンサンは懸賞金がかけられ、全国に指名手配されてしまったのである。

もはや国内に活路はなかった。弾圧は強まり、活動家たちは次々と投獄されるなか、アウンサンはビルマを脱出し、中国の廈門《あもい》へ向かった。中国共産党とコンタクトをとり、武器援助を請うためである。

アウンサンは頭脳、勇気、人望ともに卓越した活動家だったとされるが、この行動は勇み足だった。中国共産党とは折り合いがつかず[※6]、アウンサンは異国で途方に暮れてしまうのだ。

救いの手は意外なところから差し伸べられた。

アウンサンが中国にいた時、タキン党の幹部たちの前に南益世《みなみますよ》と名乗る日本人が姿を現した。

肩書は読売新聞記者とビルマ日本協会書記。常に柔和な笑顔を浮かべていたと伝えられているが、時折覗かせる眼光には民間人とは思えない鋭さがあった。

それもそのはずだ。彼の本当の肩書は日本陸軍大佐。南益世という名は偽名で、本名は鈴木敬司[※7]。

陸軍の特務機関「南機関」の機関長であり、後にビルマ国民から「雷帝」と呼ばれ、尊崇を集めることになる軍人だった。

鈴木大佐の人物像を伝える資料は多くないが、その端々から破格の人物であったことが垣間見える。

鈴木敬司

先述のバ・モウは鈴木大佐をこう評している。

「鈴木大佐は国家の危機に際して、しばしば登場してくるような、例えていえば、英国近代史上のアラビアのロレンスのようなタイプの大変非凡な人物であった。（中略）多くの諸国で多くの人々が神がかった信念とカラ威張りが幅を利かせたあの時代に、本質的に何か使命感のようなものをもった冒険家といってよかった」

鈴木大佐は今もミャンマーの人々に語り継がれる「30人の志士の伝説」の仕掛け人だった。彼はタキン党幹部からアウンサンの写真を受け取ると、すぐさま部下を中国に派遣し、保護した。さらにアウンサンを含む、ビルマ人の若者30人を選び出し、密かにビルマ国外へと脱出させたのである。

鈴木大佐の目的はビルマの独立。30人の若者はそれを果たすための切り札だった。

※1 ビルマ国
日本によってイギリス植民地から解放されたビルマに樹立された国家。1943年8月1日から日本がビルマから撤退する1945年上旬まで存在した。日本の傀儡国家だったとの指摘もあり、現在のミャンマー政府は、自分たちが独立したのはビルマ連邦成立の1948年として、ビルマ国との連続性を認めていない。

※2 バ・モウ（1893年2月8日～1977年5月29日）
太平洋戦争前、戦中のビルマの政治家。植民地にされて以来、イギリス領インドの1州とされてきたビルマは1937年に個別の植民地へと分割。バ・モウはその初代首相を務めた。日本軍によるビルマ解放後、日本軍政下では中央行政府長官、その後樹立されたビルマ国では国家元首に就任した。日本が劣勢になると日本へ亡命し、終戦後ビルマへと戻るが不遇な晩年を過ごした。

※3 1948年1月4日
イギリスの植民地だったビルマは日本によって1943年に「ビルマ国」として独立を果たしたものの、1945年の日本の敗戦とともに再びイギリス領になった。ビルマはイギリスと交渉の末、1948年1月4日に再独立した。

※4 タキン党
正式名称はド・バマー・アシーアヨン（「われらビルマ人連盟」の意）。アウンサンなどのラングーン大学の学生運動指導者やタキン・ソーなどの共産主義者を中心として構成される。タキンとは主人という意味で、その名の通り党のスローガンを「ビルマの主人はイギリス人ではなくビルマ人だ」としている。

※5 アウンサン（1915年2月13日〜1947年7月19日）
ビルマの独立運動家で「ビルマ建国の父」と呼ばれる。ラングーン大学の学生時代、学生会最高委員会の機関誌の編集者を経て、1938年、ラングーン大学学生会と全ビルマ学生連合の委員長に選ばれ、ビルマ学生界のリーダーに。その後、政治運動で頭角を現し、タキン党書記長を務める。

※6
中国・廈門で、共産党とアウンサンの間にどのようなやり取りがあったかは諸説あるので、補足しておきたい。目的を果たせなかった経緯としては当時の廈門は中国戦線の日本軍によって占領されており、共産党と連絡が取れなかったという説がある。また共産党に限らず、協力を得られるのであれば、日本でも中国でもどちらでもよいと考えていたともいわれる。

※7 鈴木敬司（1897年2月6日〜1967年9月20日）
日本陸軍軍人。最終階級は少将。ビルマの独立工作を手がける。日本敗戦後、戦犯に指定されビルマに連行されるもアウンサンの訴えにより釈放される。

② なぜ日本軍は30人のビルマ人を鍛え上げたのか？

【海南島の軍事訓練】

◆南海の孤島で行なわれた秘密訓練

ビルマを脱出した30人は日本などを経由し、1941年6月、日本の占領下にあった中国・広東省沖の海南島へ集結。そこで日本軍のスパイ養成機関である「中野学校」出身の教官から、徹底的な軍事訓練を受けることになった。

しかし、なぜ日本軍はビルマ人を訓練したのだろう。

ビルマをイギリスから独立させるといっても、問題となるのはその手段だ。

ビルマを支配している英植民地軍に日本軍が総力戦を仕掛け、全滅させた後にビルマ人を解放するのだろうか。そんなことをしていては人員や物資がいくらあっても足りない。

さらには独立後の国の運営をどうするかという問題もある。

国が独立するには、国民のなかから指導者が現れ、民衆全体が立ち上がる必要がある。

30人の若者たちはそうした指導者の卵であり、独立後の国家運営を担うことも見込まれた者たちだった。

アウンサンを筆頭に、ビルマ独立後の大統領や首相を歴任したネ・ウィン[※1]など、戦後のビルマのキーパーソンの多くは海南島の30人から輩出されるのである。

海南島での訓練の様子

また、当時はまだ太平洋戦争の開戦前であり、イギリスとの国際関係を考えると表立って大規模な軍事援助ができないという理由もあった。そのため海南島の訓練所は海岸から50キロメートルも奥地に秘密裏に設置され、入り口には「三亜特別農民訓練所」という偽装の看板がかけられたのである。

国を担うエリートを育成する訓練だけあって、その内容は壮絶なものだった。

科目は兵士としての基本動作から戦闘動作、中隊単位での戦闘指揮、兵器の操作・修理・破壊といった一般的な軍事訓練に加え、班によっては国内擾乱《じょうらん》やスパイ活動、軍隊内の統制・指揮、地方行政など多岐にわたった。

通常、日本軍では2年間かけてこうした科目を修めていくが、国際情勢から彼らに許された時間はたったの3ヶ月。訓練は朝の5時から24時まで、休日もなく行なわれたという。

彼らは戦闘技術に関しては全くの素人だった。イギリスは反乱を恐れ、植民地軍を編成する際、ビルマ人を採用せず、少数民族を兵士にしていた。そのため30人のほとんどが銃に触れたことすらなかったのだ。

30人のうちのひとり、トン・オクは「生きてビルマに戻れるかとさえ考えた」と述べているが、素人同然の彼らにとっては、まさしく死と隣り合わせの3ヶ月間だったに違いない。

「三十人志士」の一部と鈴木機関長（前右３人目）。（出典：根本敬・村嶋英治『写真記録 東南アジア 歴史・戦争・日本 4 ビルマ・タイ』ほるぷ出版 1997）

それでも彼らは不屈の闘志で訓練をこなしていったが、どうしても相容れないものがふたつだけあった。

ひとつは食事である。

ビルマ人も日本人と同じく米を主食とする民族だが、たくあんと味噌汁は全く口にあわなかったらしい。特に味噌汁は不評で、後にビルマの内相などを務めたボ・ミンガウンは「たまらない匂いのする汁」と書いている。

どれほど空腹でも口に運ぶことができず、しかし食べなければ叱責されるので、鼻をつまんで流し込んだというから、苦労のほどがよくわかる。

もうひとつはミスをするたびに飛んでくる教官の平手打ちだった。

日本軍ではごく当たり前の習慣であり、教官からしてみれば彼らを1日でも早く一人前にしてやろうという熱意の表れだったのかもしれない。しかし、平手で頬を打つということはビルマでは最大限の侮辱で、あまりの怒りから反乱を起こしてでも海南島を脱出しようという意見も出たという。

こうした苦難に直面した時、皆をたしなめたのはいつもアウンサンだった。

「こんなことでいいのか。日の沈むことのない大帝国（イギリスを指す）に戦いを挑もうという人間が。俺達は、その目的のために命まで捧げるって誓ったんじゃないのか。これくらいのことは我慢できなきゃならん」

平手打ちを受け、怒りに震える者にそう語り、一方で皆の不満を教官に訴えることもあった。

教官たちもアウンサンらの心情を汲み、ビルマ人の風習を尊重するよう誓ったという。

こうしたやりとりを経て、日本軍人とビルマ人の若者たちの間には非常に強い絆が生まれていった。

そして3ヶ月の訓練を乗り越えた彼らはタイのバンコクへと移動。そこで鈴木敬司大佐を司令官、アウンサンを副司令官としたビルマ独立義勇軍[※2]（以下、ＢＩＡ）を結成したのである。

時は１９４１年12月。すでに日本軍は真珠湾攻撃を行ない、太平洋戦争が始まっていた。

◆果たされたビルマ解放

ＢＩＡは当初は約[※3]３００人の非常に小規模な軍隊だったが、１９４２年1月初旬、日本軍とともにビルマへの進撃を開始すると、行く先々で兵隊志願者が現れ、急速に拡大・強化されていく。その兵力は2月末の時点で５０００まで膨れ上がった。

当時の進撃の様子を描写した『日本時代のビルマ』というビルマ人の本からは、ＢＩＡを迎えたビルマ住民たちの熱狂が伝わってくる。

「30人志士率いるＢＩＡとともに日本軍がやって来たのを、あらゆる町、あらゆる村で歓呼のうちに迎えた。食べ物、飲み物を差し出して歓待し、なんであれ必要な援助は惜しみなく与えた」

実際のところ、寄せ集めの軍隊であるBIAは戦力的に十分といえず、ほとんどの戦闘を行なったのは日本軍だったが、BIAの参戦はビルマ国民を歓喜させ、ビルマ中が親日ムードに包まれた。

3月には首都ラングーンを制圧、5月末にはイギリス軍を駆逐して日本の約2倍の面積にもなるビルマ全土の奪還を果たしたが、これを成し得たのはそうした現地住民の熱狂的な支持を得られたことが大きな要因だった。

進軍するBIAを熱烈に歓迎するビルマの民衆。（出典：根本敬・村嶋英治『写真記録 東南アジア　歴史・戦争・日本 4 ビルマ・タイ』ほるぷ出版 1997）

また、もうひとつ大きな役割を担ったのが鈴木大佐の演出だった。

当時のビルマには、約半世紀前にイギリスに滅ぼされたビルマ最後の王朝、アラウンパヤー王朝最後の王子が「雷帝」となり、白馬にまたがって東方から現れ、イギリスを打倒するという民間伝承が根付いていた。

ラングーンを占領した日本軍。市庁舎の前でバンザイをしている。（出典：根本敬・村嶋英治『写真記録 東南アジア 歴史・戦争・日本 4 ビルマ・タイ』ほるぷ出版 1997）

そこで鈴木大佐は雷帝を意味する「ボ・モウジョウ」と名乗り、王冠とビルマの民族衣装を纏《まと》い、白馬に乗って進撃したのだ。

信心深いビルマの人々は歓喜し、沿道で土下座して彼らを迎えたという。

このような様子だったため、ビルマ人がいかに日本に協力的だったかを示す逸話は枚挙にいとまがない。

たとえば、ある日本軍将校が進軍の途中に川を渡ろうとした時のこと。船の通路が英植民地軍陣地から丸見えで、渡れば攻撃にさらされることは明らかだった。

すると4人のビルマ人船頭が船を出し、銃弾が雨のように降り注ぐなか、将校を対岸へ運んだのだ。船頭たちは船をこぐ途中で全員死んでしまった。ビルマ独立への切望と日本軍への信頼から、臆することなく命を投げ出したのである。

このようにしてビルマの解放は果たされたわけだが、この時期がビルマと日本の最も幸福な時期だったのかもしれない。解放からほどなくして、両国の間には軋轢が生じ始めるのだ。

※1ネ・ウィン（1911年5月14日〜2002年12月5日）
30人の志士としてビルマ独立に貢献。1948年の独立後のビルマで国軍の最高指導者になる。1962年に軍事クーデターを起こし、政権を奪取した後、革命評議会議長、大統領、ビルマ社会主義計画党議長として権力の頂点に君臨した。1988年、アウンサンスーチー女史を指導者とする民主化運動が高まると退任するも、その影響力は残り続け、ネ・ウィン院政という言葉が生まれた。海南島の訓練では卓越した優秀さを見せ、複雑なモールス信号をたった1日でマスターするなど、教官たちを驚かせた。

※2ビルマ独立義勇軍
ビルマ初の近代的な軍隊であるビルマ国軍の前身となった組織。1942年7月に解散となり、約3000人のビルマ防衛軍へと移行する。規模は小さくなり、日本軍の補助部隊という役割になったものの、近代的軍隊としての機能を持たせるための人材を育成する役割もあった。そして1943年8月、ビルマ国が樹立されるとビルマ防衛軍はビルマ国軍へと移行。軍のトップである国防大臣にはアウンサンが就任した。

※3約300人
バンコクで募集した新兵約200人に加え、日本人74人、30人の志士のうち27人（うち1人は訓練中に病死、2人はすでにビルマ国内に潜入していた）。

3 ビルマ解放に込められた日本の思惑とは？

【援蒋ルートとビルマの軍政】

◆日中戦争が泥沼化した最大の要因

アジア各国に進軍した日本軍の目的は、大枠でみれば「大東亜共栄圏の建設」ということになる。

つまり、アメリカやイギリス、ソ連といった欧米諸国に対抗するため、植民地支配を受けるアジア各国を解放し、日本を中心とした国家集団をつくろうとした。

そうした大きな流れのなかに、インドネシアの場合は石油の確保、フィリピンや英領マラヤの場合は軍事上の要衝の確保といった個別の目的が存在したが、ビルマに対しては他の国とは趣を異にする目的があった。

「援蒋《えんしょう》ルート」の遮断である。

これは文字通り、中国の蒋介石を支援するため、アメリカやイギリス、ソ連などが軍需品や石油などの物資を輸送するためのもので、4つの主要なルートがあった。

そのうち香港ルート、仏印ルートは1940年までに遮断しており、ソ連ルートもソ連とドイツの戦争が始まると物資の輸送が途絶えることになる。残るビルマルートの遮断は日本軍に課せられたもっとも重要な任務のひとつだった。

というのも、援蔣ルートは日中戦争が泥沼化したもっとも大きな要因だったからである。

1937年に勃発した日中戦争。その年のうちに日本軍は中国の首都南京を陥落させていたが、蔣介石は中国のちょうど中央に位置する重慶へと拠点を移動。日本軍は首都を落としたのだからすぐに降伏するだろうと高をくくっていたが、中国軍の抵抗は根強く、結果として100万人以上の兵力が常に中国に釘付けにされることになった。

上海や広東など、中国の沿岸の大都市は日本軍に占領されていたものの、援蔣ルートで大陸内陸部から送り込まれる物資によって、中国は戦争継続が可能だったのだ。

こうした観点から見ていくと、日本によるビルマの解放は、あくまでおまけのように思われるかもしれない。

事実、そうなのだ。確かに日本軍はビルマを独立させるために30人のビルマ人を訓練した。しかし、それは太平洋戦争が始まっていなかったため、ビルマ人を独立するように導いていイギリスの植民地支配を内側から崩壊させるという手段をとらざるを得なかったからだ。

初期ビルマルート。日本軍によって遮断されたが、1945年に新たなビルマルート「レド公路」が開通することになる。

ビルマルートで運ばれる中国人の支援物資（出典：情報局『写真週報 203号』1942）

太平洋戦争が始まった以上、そのような遠回しな手段を使わずとも、直接ビルマへ侵攻して援蒋ルートを遮断してしまえばよかった。つまり、開戦と同時にBIAは日本軍にとって無用の長物になってしまったのである。そのため日本のビルマに対するスタンスはころころと変わっていく。

実際にビルマに進軍するに至り、鈴木大佐から、BIAを中心とした臨時政府を樹立し、ビルマを独立させるという「ビルマ工作計画」が出され、大本営も大筋では了承していた。

しかし、進軍が始まった1942年1月、大本営作戦課長※1の服部卓四郎大佐が現地入りすると状況が変わる。大本営内部でどのような経緯があったかは定かではないが、服部大佐はビルマ独立のプランを覆し、ビルマ全土占領の作戦要領を示したのである。

ここで問題なのは、こうした決定が現地で実際に作戦にあたる日本軍第15軍とBIAによく伝わらなかったことだ。

第15軍はビルマ民衆に対し、「日本軍のビルマ進撃の目的は、イギリスからビルマを解放して、その独立を支援することである」という布告を発して、進軍を敢行。BIAも独立が目前にあることを確信しながら作戦に従事した。日本軍上層部の変化など知る由もなかったのである。

◆裏切られたBIAと、雷帝の遺志

1月にタイ国境からビルマへ進入し、破竹の勢いで首都ラングーンを目指すBIAの面々は、少しずつ違和感を覚え始めていた。

2月末から3月にかけて、BIAはタイ国境から100キロメートルほどの都市モールメン[※2]に到達。先行した日本軍の部隊がすでにこの都市を解放しており、当初はここにBIAの臨時政府が設置されるはずだった。

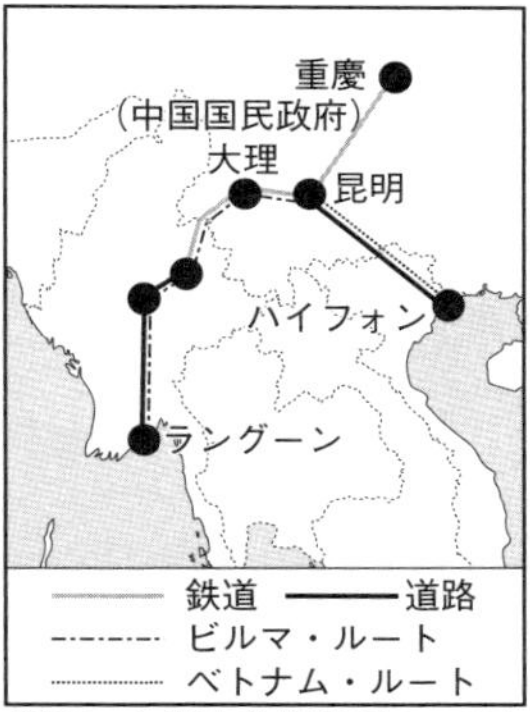

蔣援ルート（根本 敬『物語 ビルマの歴史』中央公論新社 2014 を元に作成）

しかし、すでに軍司令部が占領地行政を進めており、臨時政府樹立は却下されてしまった。独立の第一歩を踏み出せると信じていたＢＩＡは約束を裏切られたまま、ともかくラングーンを目指すしかなかった。

３月８日のラングーン解放後、ＢＩＡの日本軍への不信感は決定的なものになる。

ビルマ人の独立政権をつくらせるのは時期尚早として、３月10日、日本軍は軍政部を編成し、ビルマにおける軍政を開始したのである。

当然のようにＢＩＡの面々は激怒した。アウンサンは日本軍人が目の前にいるにもかかわらず、「日本人がこういうことを続けるならば、我々は反乱を起こすしかない。もうこれ以上、我慢できない」と宣言したほどだ。[※3]

ビルマの寺院をパトロールする日本兵

激怒したのはビルマ人だけではない。彼らと同じくらい、いや、それ以上に怒りを覚えていた日本人がいた。鈴木大佐である。

ビルマの若者たちと同じ釜の飯を食べ、ともに戦場をくぐり抜けてきた鈴木大佐は、本心からビルマを独立させたいと考えていた。ＢＩＡの面々もその想いを信頼し、彼らは肉親のような絆で結ばれていたのだ。

だが、鈴木大佐がいかにビルマにおいて比類ない存在感を発揮していたとしても、彼は参謀本部傘下に無数にある一諜報機関の長にすぎなかった。大本営の決定を覆す権限など なく、軍人である以上、軍に反旗を翻すことなどできるはずもない。

そんな折、アウンサンは鈴木大佐に呼び出された。

鈴木大佐は反乱の意志があるのかと尋ねたという。しかし、鈴木大佐の立場を知るアウンサンは言葉を発することができない。すると鈴木大佐はこんなことを言った。

「もし俺がお前の立場だったら、手に入りかけた独立を絶対に逃しはせんぞ。独立はどうすれば獲得できるか、歴史を見ればはっきりしている。独立は他人がくれるものじゃないんだ。自分で勝ち取らなければならない。だからビルマ人が独立を勝ち取るために反乱を起こすと言ったって、なにも不思議じゃない」

無言のまま耳を傾けるアウンサンにさらに話を続ける。

「俺に遠慮したがために、するべきことをやらなかったなんてことのないようにしろ。俺が日本軍に銃口を向けると、国家への反逆になってしまうからそれはできない。そういう俺がいることが、お前たちの祖国独立にとって邪魔だというなら、この軍刀でまず俺を殺せ。それから独立の戦いをやれ」

この時のアウンサンの心中はいかなるものだったのか。命を賭けてまで果たしたいと願った祖国の独立。軍人としての立場をかなぐり捨ててまで自身の想いを吐露した鈴木大佐への敬愛と恩。その板挟みのなかで、アウンサンの返答は端的だった。

「ボ・モウジョウ（雷帝の意。鈴木大佐を指す）。この件についてはこれ以上ご心配くださいますな。あなたがビルマにおられるうちは、我々は絶対に日本軍に反乱を起こさないとお誓い致します」

２人の会談はこれで終わった。鈴木大佐が二の句を継げなかったのは、すぐに訪れる自分の運命を予感していたからかもしれない。

会談からまもなく、鈴木大佐には東京の近衛師団司令部への異動命令が下された。彼は最後までビルマ完全独立の意見を変えず、なにかとビルマ人に肩入れをするその姿勢を軍上層部が煙たがったためだった。

ビルマを解放に導くと伝承で謳われた〝雷帝〟はこうしてビルマを去った。そしてその時、アウンサンらの心は決まった。自分たちが自分たちの手で自分たちの国を解放する。彼らにとって、新たな戦いの幕が開いた時だった。

※１ 服部卓四郎（１９０１年１月２日～１９６０年４月30日）
最終階級は陸軍大佐。戦争遂行の原動力になった人物のひとりといわれ、戦後その行ないに対する批判が多い。１９３９年に発生したノモンハン事件では作戦の拡大を主張し、陸軍が大打撃を受ける遠因をつくった。また、ガダル

カナル島では現地視察によって補給路は万全であると報告したため、3万人以上の兵員が投入されたが、実際には補給路は確立されておらず、2万人以上が死亡している。

※2 モールメン
ビルマ南端にあたるテナセリウム地区の州都。現在のミャンマーではモン州の州都で、人口は約30万人。臨時政府を樹立するという約束だったため、日本軍の侵攻時、タキン党の幹部などビルマの重要人物が集まっていたが、それが認められなかったためビルマ人は不信感を募らせた。

※3
BIA内部にもこの時点で日本軍に反旗を翻すべきという意見が存在したが、実行はされなかった。その後、BIAはビルマ内の英植民地軍を追撃する「北伐戦」と呼ばれる作戦に参加している。当時すでにBIAは2万以上もの大軍になっており、アウンサンにとってこの戦闘への参加はビルマ人に少しでも実戦経験を積ませる意味合いがあったという。

4

【日本軍政期からビルマ国の樹立】

荒廃したビルマ　その責任の所在は？

◆軍政下のビルマで何が起きたのか

当初のビルマ独立の約束を破り、軍政を開始した日本軍。これによって日本への反乱を決意したアウンサンらＢＩＡの面々だったが、日本軍はあまりにも強大であり、状況が整う１９４５年３月まで水面下で爪を研ぎ続けることになる。

ここではアウンサン蜂起までの３年弱の間にビルマで何が起きたかを見ていこう。

そもそもなぜ日本はビルマの独立を見送ったのだろう。そこにはさまざまな見方がある。ひとつはビルマ国内に石油やタングステンなどの戦略資源が豊富に埋蔵していることがわかり、戦争継続のために確保する意図があったというもの。

また、ビルマ周辺には依然としてイギリス軍が展開しており、独立には情勢が不安定だっため、日本が軍政という形で行政を代行したという意見もある。

ともあれ、日本による軍政の始まりはビルマがイギリスの植民地になった時以来の衝撃であり、ビルマの社会は大きく変容していくことになる。

最大の変化は米の生産だった。ビルマは当時世界最大級の米の輸出国であり、精米換算で年間４９０万トン（１９３５－３６年から１９３９－４０年の平均）もの米を生産していた。

南方から日本に運ばれてきた米や砂糖

日本に占領されるまでこうした大量の米は主にインドやヨーロッパに輸出され、ビルマの全輸出額の約６割を占めるもっとも重要な産業だった。
日本はビルマの米を「帝国の食糧給源」と位置付け、生産から流通までを一貫して掌握し、日本本土や食糧が不足していたフィリピンなどの他のアジアの占領地へと輸出するようになった。
これによってビルマは大打撃を受ける。
まず占領以前の輸出先が閉ざされたため、米が大量に余り、価格が暴落。それを背景に、農民が生産意欲を失ったこと、また労働者の多くが日本軍に労務者として徴用されたことなどから米の生産量が激減し、占領の翌年には前年の半分になってしまった。

その結果、世界最大の米の産地だったビルマは未曾有《みぞう》の米不足に陥り、特に北部では深刻な飢饉から餓死者が続出したのである。

ビルマの餓死者の数は不透明だが、同じく日本軍の統治下にあり、大規模な稲作地帯だった同時期の北部ベトナムでは２００万人の餓死者が出たというから、その被害は想像を絶する規模だったと考えられる。

しかし、この事態には日本軍だけでなく、イギリスも大いに関与している。

まず、南部ビルマでは米は豊富に生産されており、当時の状況をさして「ビルマは有り余る米のまっただ中で飢えていた」ともいわれる。南部の米が北部に供給されなかったのはイギリス軍が撤退の際に河川輸送と鉄道輸送のルートを徹底的に破壊したためだ。

また、植民地時代のビルマではイギリス支配下のインド人があらゆる産業を牛耳っていたこともこの惨事の元凶のひとつ。インド人金貸しからの融資はビルマ人農民の重要な資金源だったし、精米所労働者の約75％がインド人だった。さらに農業に従事する小作人もインド人の出稼ぎ労働者が多数を占めていた。

ところが、イギリス軍の撤退とともにインド人の大部分もビルマから脱出したため、産業全体が機能不全に陥ってしまったのである。

かくしてビルマの国土は荒廃し、米の生産高が占領以前の水準に戻るまでには、太平洋戦争終結から数年の時間を要するのだった。

◆傀儡政権のトップとなったバ・モウの本音

当初は日本軍を熱狂的に歓迎したビルマ国民だったが、こうした状況に対し急速に不満を募らせていった。

そこで日本は1943年8月1日、民衆の感情をなだめるためビルマに独立を付与。国名はビルマ国となり、国家元首兼首相にはイギリス植民地時代に首相を務めたバ・モウ[※1]が選ばれた。

ビルマ国は日本の支配地では最初の独立国であり、暫定憲法にあたる「ビルマ国家基本法」で「主権を有する完全なる独立国家」と定められた。だが、その実態はどうだったのだろう。

30人の志士の1人、ボ・ミンガウンはこう書いている。

「この政府は独立した政府とはいうものの、実際には総統にせよ、大臣たちにせよ、日本軍指導部の認めた範囲内の機能しかもたなかった。アウンサン将軍は、日本の与えた『独立』が本物ではなく、『メッキ』にすぎないことを見抜いていた」

ビルマの独立宣言。（出典：『「大東亜戦争画報」第22号1943年９月８日』：毎日新聞）

たしかにビルマ国は日本の傀儡《かいらい》国家だった。独立とともに「日本国ビルマ国軍事秘密協定」が締結され、戦争が継続する限り日本軍はビルマ国内での行動の自由やビルマ国軍や警察への指揮権が保証されていた。そして軍政期と変わらぬ圧力を民衆に与え続けたのである。

ここで国家元首となったバ・モウという人物に注目してみたい。

彼は自伝「ビルマの夜明け」の中でこのビルマ国の樹立こそ、ビルマの真の独立だったと述べている。さらに「それは言葉では言い表せないほど幸せな日々だった。人々は喜びに胸をふくらませて、いたる所で歌った。（中略）人々は集い、日本語で〝万歳〟を叫んで、日本に対する深い感謝を表す……」とも。

この発言はビルマの親日的エピソードを紹介する際に度々引用される一節だが、実際のビルマの状況とはかけ離れた印象を受ける。そのためバ・モウは日本の操り人形だったように語られることもある。

しかし、その認識にはやや語弊があるのだ。

確かにバ・モウは親日的な立場に終始した。だが、それは力では倒すことができない相手に対し、協力する姿勢を見せることでその懐に入り、政治的自立を獲得するという、長きにわたって植民地支配を受けてきた国の政治家ならではの老練な手腕だった。

一番左がバ・モウ、一番右がアウンサン。1943年３月に撮影された

彼は東條英機首相から全面的な信頼を得ており、富国政策のための公的機関を多数設立したほか、経済使節団を東アジア各国に派遣し、国力の増強に努めた。これは主権をもたなかったイギリス植民地時代には果たせなかった事業だろう。

そんなバ・モウが日本という国をどう捉えていたのか、その一端が１９４４年半ばにアウンサンと交わされた個人的な会談に垣間見える。

「現在、我々がもっている独立とは名ばかりのものです。それは単に日本の地方自治の言い換えにすぎません」。そう訴えるアウンサンにバ・モウは言った。

「相手側（イギリスを指す）は騒々しい話し合いにもかかわらず、日本が与えた程度の独立さえ、占領国には与えないのだ。君はどの植民地が戦時中、独立の外形でも与えられたり、約束した例をあげることができるのか」

それに対し、「彼らは我々を利用しているだけです」と返すアウンサン。

バ・モウはさらに、「君のいうことは事実の一面にすぎない、そこには他の一面もあるのだ。もし日本人が我々を利用するなら、我々もお返しに利用しようではないか。これが国民をどん底から救い上げる道だ」と諭したのである。

日本軍の介入によって、ビルマが荒廃したのは事実だ。戦後のビルマの教科書では、日本統治時代の悲劇が強調されて描かれる。

しかし、バ・モウはそうした戦後の総括によって日本のファシスト的側面を拡大してしまい、良い面を無視してしまったビルマ人も多い、とも語っている。

「良い面」とは、どんなものがあげられるだろう。

たとえば、日本軍の介入によってビルマはＢＩＡを前身とする国軍を持つことができた。海南島での政治・軍事エリートの育成や、日本軍政下の行政組織での経験の積み重ねは、国家運営の基盤を盤石にしたといえるかもしれない。

また、日本軍政時代にイギリス統治時代の公用語だった英語は撤廃され、公文書などのビルマ語の復興が進められた。

こうした肯定的に捉えられる面があるからといって、国土の荒廃や労務者の徴用といった日本軍の罪が帳消しにされるわけではない。しかし事実としてそうした歴史も存在するということは記しておきたい。

これまでも見てきたが、東南アジアの国々はただ黙って欧米諸国と日本の戦争に翻弄されたわけではない。旧来の欧米の植民地支配からの脱却を虎視眈々と狙い、太平洋戦争をその好機として利用した側面もある。

日本に迎合したように見えるバ・モウもまた、直接的な武力闘争を目指したアウンサンとは別の方法でビルマの国益を探求した愛国者だったのである。※2

※1
バ・モウは植民地政府首相を務めるも、退任後、反英的な演説を行なったために1940年8月に逮捕され、投獄されていた。日本軍の侵攻が始まり、ビルマ国内に混乱が広がると1942年6月に脱獄。日本軍は軍政下にビルマ人の行政府をつくることを計画していたが、30人の志士やタキン党の面々をそのトップに据えるには若く、またそのエネルギーが反日活動に転じることを懸念し、ちょうど経験豊かな反英的政治家を探していた。バ・モウは適任であり、彼は軍政下で中央行政府長官を務めた後、独立後の国家元首に就任した。

※2 愛国者だったのである
反英親日的な政治家として軍政下では中央行政府長官、ビルマ国では国家元首に据えられたバ・モウだったが、彼の行動は基本的にビルマの独立を見据えたもので、日本軍人の一部には煙たがる者もいた。ビルマ国樹立の際、バ・モウを追放し、彼に次ぐ年長者だったタキン党のウー・ヌを元首に据える計画があったが、バ・モウは東條英機首相の信頼を

得ていたため、それは果たされなかった。また、1944年に入り、日本軍の敗色が濃厚になると、ビルマ人がイギリスと結託し、反日蜂起をするのではないかという疑念が日本軍人の間に広がり、バ・モウの暗殺未遂事件が起きた。バ・モウは事前に察知し、ビルマ兵に警備させることでこの危機を乗り越えている。

5

【ビルマ人の反乱】

ビルマ人が日本軍を攻撃した本当の理由とは？

◆アウンサン、反旗を翻す

日本が敗戦する前年、1944年は日本軍のターニングポイントだった。

一度は東南アジアから駆逐されつつあった連合軍は息を吹き返し、植民地奪還のための反攻を開始。徐々に劣勢に転じる日本軍だったが、その情勢を決定的にしたのが1944年3月から7月にかけて行なわれたインパール作戦（223ページ参照）の大敗だった。

これを境に、日本軍はビルマ国内でも苦境に陥る。物量にものを言わせたイギリス軍の攻勢にビルマ全土の支配を諦め、南ビルマへと追い込まれていった。

そして1945年。

劣勢を挽回するため、日本軍はアウンサン率いるビルマ国軍に援軍を要請した。

時代の転換は、一見唐突にやってくるように見える。だが、多くの場合、それはあくま

ビルマ中部のメイクテータ(現在のメイッティーラ)に向けて進撃する英印軍。

で後世の人間の捉え方だ。

日本軍の要請はアウンサンに何をもたらしたのか。

イギリス植民地時代に舐めた辛酸、海南島での血を吐くような訓練、祖国への凱旋と日本軍の裏切り、そして恩師である鈴木敬司大佐との別れ……。ビルマの変遷を眺め続けてきたアウンサンにとって、それは時代という大きな流れのあるひとつの帰結であり、歯を噛み締めて待ち続けていた未来だった。

反乱の機は熟した。そう察知したアウンサンは、日本軍の要請にイエスと答えた。そして1945年3月17日、首都ラングーンで〝日本軍支援〟の出陣式を行なったのである。

結集したビルマ国軍は9000人。彼らを前にアウンサンは短い演説を打った。

「兵士諸君。出陣式を行なう目的は、祖国の独立を妨害し、危機に陥れようとする〝敵〟に戦いを挑むためである。(中略)全員が心をひとつにして戦わなければ勝利はありえない。私も常に諸君とともにある。ビルマの〝敵〟を殲滅することを心から願っている」

「敵」が何を意味するのか、式に同席したビルマ国軍最高顧問の沢本理吉郎少将ら日本軍人は気づくよしもなかった。そして出陣式から10日後、北上したアウンサンはついにビルマ国軍全軍に対日反乱の命令を下達。[※1]水面下で手を結んでいたイギリス軍とともに日本軍への攻撃を開始したのである。[※2]

日本軍の混乱は、想像に難くない。

情勢の悪化に伴い、当時はビルマ兵の脱走などが頻発しており、確かに日本軍もビルマ国内の反日分子の活性化を認識していた。しかし、親日のバ・モウ政権の国防大臣であるアウンサンがその中心人物であり、さらにビルマ国軍全軍を挙げての反乱が起きるとは[※3]想像すらしていなかった。

すでに風前の灯火だった日本軍はイギリス軍とビルマ国軍の挟み撃ちに遭う形になり、各地で敗走。そしてビルマ国軍が反乱を起こした約１ヶ月後の４月26日、日本軍司令部とバ・モウ以下政府要人は首都を脱出し、日本へと落ち延びたのである。

日本のビルマ支配はこうして終焉した。ビルマに送り込まれた日本兵は、３年半にわたって32万人。日本へ無事に戻れた者は約13万人だった。

この惨状をみると、イギリスの猛攻に便乗したアウンサンの行為は無情にも思える。

１９４５年冒頭の時点で日本の敗戦は必至であり、放っておいてもビルマから撤退するのは目に見えていた。死人に鞭打つ行為のように思われるかもしれない。
だが、アウンサンは反乱を起こさねばならなかった。日本軍が去った後には、イギリス軍がやってくる。その際、独立を守るためには自分たちが自発的に日本軍と戦い、追い出したという既成事実が必要不可欠だったのだ。※4
こうしてアウンサンらビルマ国軍は5月1日、再度首都ラングーンへと帰還する。
ところが、戦勝の余韻を噛みしめる暇はなかった。その翌日、イギリス軍がラングーンにたどり着くと即座に軍政を敷いたのである。

降伏し武装解除した日本兵

◆ビルマの戦いは今も続く

約3年ぶりに復活したイギリスの支配に対して、アウンサンの行動は迅速だった。すぐさまイギリス東南アジア軍司令官マウントバッテン大将と会談をもち、交渉を開始する。※5
イギリスが提示した方針は、イギリス人官吏中心の暫定政府を設置し、憲法制定後、イギリス連邦の一部としてビルマ人の自治を許すというもの。もちろん、それはアウンサンらが目指した完全独立とは程遠いものだ。

アウンサンはロンドンへ飛び、英国労働党内閣のアトリー首相と直接会談を行なった。そして、イギリスの権益を保護するなど一部条件付きではあるものの、ビルマの完全独立を認める旨を盛り込んだ「アウンサン＝アトリー協定」を結んだのである。

一見、意外なほどスムーズに交渉が進んだように感じられるのは、3年ぶりにビルマを眺めたイギリスの動揺があったためといわれる。

日本を退けたビルマには、大国の搾取に翻弄されたかつての弱者の面影はなかった。

民衆は確固たる民族意識をもち、行政機関は盤石な統治能力を獲得していた。

さらに最大の要因はビルマ国軍の存在である。日本軍支配下の孤島でたったの30人から始まったビルマの軍隊は、兵力3万を数える正真正銘の近代的軍隊へと成長を

終戦直後のラングーン

アトリー（前列左）とアウンサン（右）

遂げていた。

イギリスは植民地として支配するのは困難と考え、独立させ友好国として国交を結んだほうがよいと判断したのである。

かくして、独立を勝ち取ったビルマ。この歴史を振り返る時、必ず起点となるのが30人の志士の伝説である。120年にわたる植民地支配の歴史に終止符を打つきっかけとなった彼らの存在は、ビルマの民族意識を高揚させるためのシンボルであり、戦後の教科書においてもその英雄譚は語り継がれている。

しかし、問題となるのがそれを語る上での日本軍の評価だ。

30人の志士の活躍を語れば語るほど、彼らを育てた日本軍の存在が際立つ。そのため、現在も「アウンサンはビルマにファシストを引き入れ、国土を荒廃させるきっかけをつくったのではないか」という批判が存在する。

毒をもって毒を制す、という言葉がある。一般的なビルマ史観では、アウンサンらは日本軍をファシストと認識していたものの、イギリスに対抗するためにあえて手を組んだのであり、最終的に反乱を起こすことも織り込み済みだったと解説される。

だが、ビルマ人の記憶には、本心からビルマの独立を願い、命がけで取り組んだ日本人がいたことも確かに刻まれている。

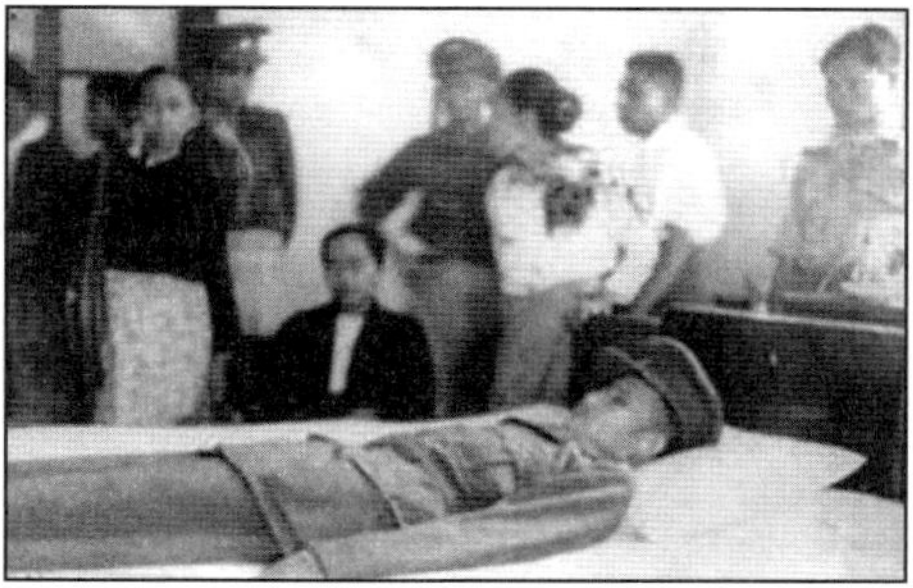
アウンサンの遺体。この事件では彼を含め計9人が殺害された

終戦から約35年後の1981年1月4日、ビルマ政府はビルマ独立に貢献したとして、鈴木大佐の未亡人や海南島での訓練を指揮した川島威伸《かわしまたけのぶ》ら7人に「アウンサンの旗」という最高勲章を授与しているのである。

ビルマが完全独立を手にしたとき、そしてかつての恩人たちが勲章を授与されたとき、アウンサンの心情はどんなものだったのだろう。

残念ながら、それを知るすべはない。

ビルマ独立協定締結後、アウンサンはビルマ臨時政府の首相に就任し、独立準備に忙殺される日々を送っていた。それが起きたのは1947年7月19日。アウンサンは閣議に乱入したテロリストによって射殺されてしまっ

たのである。[※6]

独立国「ビルマ連邦共和国」が成立したのはその約半年後の1948年1月4日。切望し続けた独立を目前にして、32歳の早過ぎる死だった。

その後のビルマの歴史を端的に記す。

ビルマ連邦共和国は独立直後から少数民族の反乱、アメリカや中国の介入を受け、国内の混乱が続いた。やがて1962年3月2日、30人の志士のひとりであるネ・ウィンが軍事クーデターを起こし、以後26年間にわたって彼を頂点とした独裁政権が続く。

1980年代後半になると民主化を求める運動が高まり始めるが、ここで運命のいたずらともいえる出来事が起きた。

ネ・ウィンに立ち向かった民主化運動の指導者こそアウンサンの娘、[※7]アウンサンスーチー女史その人だったのである。

ネ・ウィンは1988年に退陣したものの軍事政権は継続し、アウンサンスーチー女史は軟禁と解放が繰り返された。また1989年には国名がミャンマー連邦共和国に改称されている。

そして2008年には新憲法が制定され、2015年には民政復帰後初となる総選挙が行われ、54年ぶりとなる文民出身の大統領が誕生。ミャンマーは民主国家としての道を着々と歩み始めた。

民族紛争や宗教紛争など、乗り越えなければならない課題は山積しているが、多くの国民が信念と希望を持って前進している。かつての30人のビルマ人青年たちがそうだったように。

※1 水面下で手を結んでいた
アウンサンは1944年8月頃から密かに抗日のための地下組織を結成していた。その構成はビルマ国軍とビルマ共産党、人民革命党というタキン党の流れをくむ3組織が中核になっており、名称は何度か変化したが、最終的には「反ファシスト人民自由連盟」（AFPFL）に落ち着いた。イギリスとの水面下での連絡はおもにビルマ共産党があたっていた。

※2
農民を動員したゲリラ戦なども行なわれた。だが、興味深い事例がある。ビルマの公式史観では、全国民一丸となっての反乱というように語られるが、反乱に参加したビルマ国軍のある情報将校の記録には、日本軍を恐れビルマ国軍に協力しない農村があったり、そもそも日本軍とビルマ国軍の見分けもつかない農村があったりしたことが嘆きとともに記されている。農村部の統率はあまりとれていなかったというのが実情のようだ。

※3 想像すらしていなかった
その証拠に、反乱が始まってからしばらく日本軍のビルマ国軍顧問部は、ビルマ軍人たちはバ・モウへの不満から逃亡しただけで、アウンサンらは反日ではないと認識していた。それほどアウンサンの事前準備が周到だったのだ。

※4
もうひとつ補足するとすれば、ビルマ国軍の兵力は後に合流した農民ゲリラを含めても1万1000程度であり、日本軍へ与えた被害は戦死者1000〜4700人ほどだったという記録がある。また、アウンサンは日本人顧問や指導軍人などに危害を加えてはならないと命令していた。かつての自分たちを訓練した南機関員もビルマに駐在しており、彼らの身を案じたためだった。ともかく、反乱を起こしたという事実がイギリスとの交渉において重要だったのだ。

※5 ルイス・フランシス・アルバート・ヴィクター・ニコラス・マウントバッテン（1900年6月25日〜1979年8月27日）
太平洋戦争時は東南アジア地域連合軍（SEAC）総司令官を務め、ビルマにおける日本軍との戦いの指揮をとった。非常にリベラルな思考の持ち主とされ、イギリスは当初、アウンサンたちを逮捕する方針だったが、マウントバッテンは「独立の約束のために日本に協力したとしてもほとんど驚くに値しない」とアウンサンの逮捕を阻止。またビルマ人に対して寛容な政策をとった。こうした姿勢はビルマ政府に非常に感謝され、マウントバッテンが後年にアイルランド共和軍に暗殺されると、ビルマ政府は3日間の喪に服した。旧宗主国の事件に対する旧植民地の対応としては異例である。

※6
イギリス植民地時代に首相をつとめたウ・ソオが、権力の中心にいたアウンサンへの嫉妬から暗殺させたとの説がある。

※7 アウンサンスーチー（1945年6月19日〜）
アウンサンの娘であり、軍事政権による独裁が長らく続いていた戦後ビルマにおける民主化運動の指導者。軍事政権下では度重なる自宅軟禁を受けていたが、現在（2018年9月）は解除され、国家顧問、大統領府大臣、外務時大臣、国民民主連盟中央執行委員会議長を兼任している。1991年にノーベル平和賞を受賞した。オックスフォード大学名誉博士、京都大学名誉フェローの肩書も。

第4章

マレーシア・シンガポール

〈戦前の呼称：イギリス領マラヤ〉

Data of During the Pacific War

首都：—
宗主国：イギリス
成立：1790年（マレーシア）※1
　　1819年（シンガポール）
人口：557万人（マレーシア）、75万人（シンガポール）（1940年）※2
主な言語：英語、マレー語、中国語
主な宗教：イスラム教、仏教など

※1：1790年にイギリスの植民地化が始まるまで、マレーシア（マレー半島）は1511年からポルトガルの、1641年からオランダの支配を受けている。
※2：History Database of the Global Environment（2006）を引用。

The present data

（シンガポール）
首都：シンガポール
独立：1965年8月9日
国土面積：716.1km²
人口：560万7000人（2016年）
主な言語：英語、マレー語、中国語
主な宗教：仏教、キリスト教、イスラム教など
（マレーシア）
首都：クアラルンプール
独立：1957年8月31日
国土面積：32万9800km²
人口：3119万人（2016人）
主な言語：英語、マレー語、中国語
主な宗教：イスラム教、仏教など

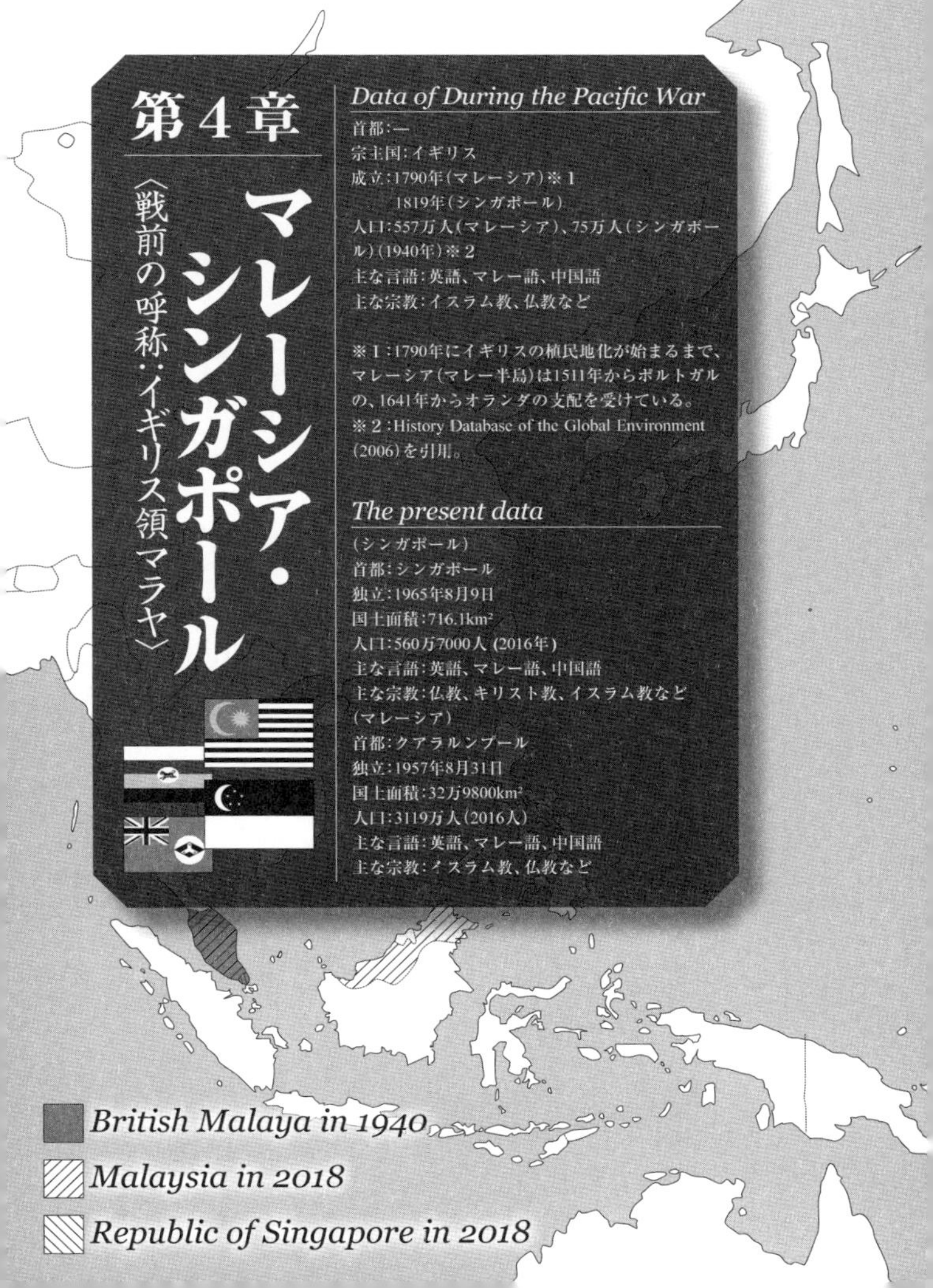

1

【シンガポール陥落】

「世界最強の要塞」はなぜ落ちた？シンガポール攻囲戦の裏側

◆「マレーの虎」吠える

イギリス極東軍総司令官[※1]アーサー・パーシバル中将は、やつれきっていた。

イギリス陸軍の出世街道を邁進してきた叩き上げの軍人の面影はすでになく、緊張からか視線がキョロキョロとして落ち着きがない。

1942年2月15日の夕刻、シンガポール市街地にあるフォード自動車工場。

パーシバル中将は、その一室で日本軍との降伏条件の交渉を行なっていた。目前に座るのは山のような体躯の日本軍人。

彼の名は日本陸軍第25方面軍司令官・山下奉文《やましたともゆき》[※2]中将。「マレーの虎」と呼ばれ、シンガポール陥落を目的とするマレー作戦を指揮した人物である。

休戦を求めるパーシバル中将に対し、山下中将は無条件降伏を求めていた。難航する交渉にしびれを切らしたかのように、山下中将が口を開いた。

「イエスか、ノーか!?」

室内全体の空気を震わせるような圧力。だが、それを受けてもパーシバル中将は黙りこむばかりで、結論を出せない。

とどめとなったのは次の言葉だ。

「ならば日本軍はすぐにシンガポールへ夜襲をしよう」

葛藤は果てしなかった。「イエス」と答えれば、自身のキャリアのなかで初めての敗戦。そればかりではなく、シンガポールを日本に引き渡すことになる。

だが、受け入れざるを得なかった。

パーシバル中将は無条件降伏を選択し、このときをもってイギリスの東南アジア支配の象徴と謳われたシンガポールは陥落した。同時に、日本軍政の時代が到来したのだった。

フォード自動車工場で行われた降伏会見の様子。奥、左から３番目に座る人物が山下中将。

考えてみると、シンガポールは不思議な国だ。

国土面積は東京23区よりも少し広い程度の716平方キロメートル、人口は約540万人と小規模な国家ながら、東南アジアのなかでは極めて安定した政治と高い経済水準を誇り、2016年の国民1人あたりの所得は5万2960ドルと日本の3万8894 7ドルを抜く。これはアジア1位の数字だ。

そんなシンガポールには戦前にも東洋一、いや世界一とされるものがあった。イギリス軍の要塞である。日本軍が攻めてきても、数年は持ちこたえられると謳われていた鉄壁の軍備。だが、大方の予想を裏切り、シンガポールはたったの2週間で陥落させられてしまう。

これは植民地時代の終焉を象徴する、といわれるほどの大事件であり、イギリス首相チャーチルは陥落の報せを受けて号泣したという。

一体、その裏側には何があったのだろう。時計の針を戻して、シンガポールの成立から眺めてみよう。

◆鬱蒼としたジャングルから始まった開発

現在の経済発展した姿からは想像もつかないが、19世紀初頭のシンガポールは鬱蒼としたジャングルが広がり、人口は150人程度の僻地だった。

状況が変わるのは1819年1月、イギリス東インド会社の社員だった[※3]スタンフォード・ラッフルズが上陸して以来のことである。

彼は友人に向けた手紙でこんなことを書いている。

◆シンガポールとマラッカ海峡の位置

「この手紙がどこから投函されたのか、地図を調べなくてはならないでしょうね。（中略）ヨーロッパ世界だけでなく、インド世界も、その存在（シンガポール）を知らなかったのですから。（中略）ここはどの点から見ても、我々が所有する植民地のなかで最も重要で、かつ最も手間と費用のかからないものになると思われます」

シンガポールの位置を地図で見てみると、ちょうどマラッカ海峡の南の出口に位置し、東南アジアの海域のほぼ中央部にあることがわかる。

当時の東南アジアは欧米各国がこぞって植民地貿易に乗り出していた通商のメッカだ。ラッフルズはそのど真ん中に貿易港をつくれば、計り知れないほどの利益を得られると考えたのである。

1890年代に撮影されたシンガポールの様子。洋風の建物が軒を連ねる。(出典:高嶋伸欣『写真記録 東南アジア 歴史・戦争・日本 3 マレーシア・シンガポール』ほるぷ出版 1997)

シンガポールはマレー半島南部に存在したジョホール王国の領土だったが、ラッフルズは王位継承問題のどさくさに紛れて、イギリス東インド会社の領土に編入する。

果たして、彼の狙いは的中した。

貿易港としての機能を整備すると、立地の良さから各国の貿易船が次々と訪れるようになり、シンガポールの急成長が始まった。

貿易総額は1824年の1160万ドルから20世紀初頭には約5億5700万ドルと、100年に満たない年月で約50倍の規模へと増大したのである。

この成り立ちは、植民地としては異例だった。

通常の植民地化のプロセスは、すでに存在している国家を征服し、既存の産業を利用したり、現地住民を労働力にしたりすることで利益を生み出していく。

だが、シンガポールの場合、所有していたジョホール王国からは価値の無い土地と見なされていたうえ、労働力となる人々は中国やインド、マレーなどからの移民であり、彼らはシンガポールをビジネスの新天地と考えている側面が強かった。

すなわち、土地を奪われた者も、文化を破壊された者も存在しなかったのだ。いわばシンガポールは植民地というよりも、イギリスによる人工国家のような存在だったのである。※4

シンガポール海軍基地。1930年代後半のものと思われる。(出典:シンガポールヘリテージソサエティ『シンガポール 近い昔の話』凱風社 1996)

◆「世界最強」の要塞という幻想

シンガポールの要塞化が始まったのは1920年代のことだ。

シンガポール北岸には戦艦や駆逐艦を大量に常備できる、造船ドックを備えた巨大な軍港が設置され、南岸には大砲も設けられた。さらに3ヶ所の飛行場もつくられ、38年には要塞化が完了した。

総工費は当時の日本円にして約4億円。37年に日本軍史上最大の軍事プロジェクトとして建造が開始された戦艦大和の工費が約1億4000万円であるから、

マレー作戦の日本軍の進撃ルート

その規模がいかに大きいかが窺える。

まぎれもなくアジアにおけるイギリス軍の最大の軍事拠点であり、東南アジア進出を企図する日本軍にとって最大の障害に違いなかった。

普通に考えれば、日本軍がここを攻め落とすのはほとんど不可能なはずだった。

イギリス軍もそう考えていた。だが、日本軍だけが「普通」には考えなかったのだ。

シンガポールを攻撃するには、海から攻めるか、タイ国境からマレー半島のジャングル地帯を南下するかの2通りしかない。イギリス軍はジャングルを踏破することなど不可能だと考え、海側の守備を固めていた。

これが仇となった。日本軍は12月8日にタイ・マレーシア国境に上陸すると猛烈な速度で南下を開始。補給を最小限に抑え、自転車を使い、大小95回の戦闘を行ないながら、約2ヶ月で1100キロメートルのジャングルの道のりを踏破した。そして2月頭にはシンガポールを包囲してしまったのである。

この驚異的な進軍に、イギリス軍は完全に虚を衝かれる形になった。さらに問題だったのは、イギリス軍人たちの日本軍に対する侮りである。

ジャングルを南下できるはずがない、と考えていたことも一例だが、彼らは日本軍の実力を極めて低く見積もっていた。「全員近眼だから銃弾を当てられない」「日本軍の飛行機は紙と木でできている」などと本気で信じていた者もいたのだ。

マレー半島を南下する日本陸軍の自転車部隊。当時このような部隊は「銀輪部隊」と呼ばれた。（出典：『アサヒグラフ1942年１月28日号』朝日新聞社）

またシンガポールを守備する部隊は[※5]英連邦や植民地からの寄せ集めであることも災いした。軍団としてまとまりがなく、戦闘経験も乏しい。銃の扱い方を知らない者までいた。

それでも指揮官が有能ならば状況は違ったが、パーシバル中将は「失敗恐怖症」のような一面があり、お世辞にも有能とはいえなかった。出す命令は退却ばかりで、その消極的な姿勢が日本軍の進撃に拍車をかけた。

日本軍はシンガポールを包囲すると市街地への水路を破壊。飲料水が絶たれたことを決定打に、パーシバル中将は休戦を決意し、冒頭の会談に至るのである。

しかしながら、パーシバル中将はあまりにも弱腰過ぎた。というのは、追い詰められていたのは実は日本軍の方だったからだ。

シンガポールへ至る進軍の過程は、決して楽なものではなかった。インド国民軍（210ページ参照）などの協力によって、イギリス軍に多数含まれるインド兵を寝返らせる工作は行なわれていたものの、華僑の義勇軍の反攻は激しく、日本軍は疲弊し、弾薬もほとんど底をついていた。

山下中将は降伏しないのならばシンガポールへ夜襲をかけると言った。それは一世一代のハッタリだったわけだ。日本軍にそんな余力はなく、むしろ市街戦に陥ってしまえば戦闘は長期化し、イギリス本国からの増援によって日本軍が敗北する可能性もあったのだ。

シンガポールで戦勝パレードを行なう日本軍

世界最強の要塞の陥落は、その最強という幻想のうえにあぐらをかいていたイギリス軍人の慢心によって引き起こされた、といえるのかもしれない。

余談になるが、山下中将がパーシバル中将に「イエスか、ノーか!?」と詰め寄ったことを、武士道に悖《もと》るとして非難する言説がある。

たしかに無条件降伏こそしていなかったものの、この時点でパーシバル中将は日本軍に対して降伏の意志を表明しており、敗者の立場だった。敗戦の将には情けをかけるべきであり、礼を失した行為ではないか、ということだ。

それは誤解である。

山下中将が後に述懐するには、ギリギリの局面で通訳がもたもたしているので、通訳に向かって「(あなたは) イエスか、ノーか (だけを聞けばいい)」と言ったのだという。つい怒鳴り声になってしまい、同席した新聞記者らの報道によってパーシバル中将に向かって言ったという話が広まったというのである。

※1 アーサー・アーネスト・パーシバル (1887年12月26日〜1966年1月31日)
第一次大戦時は一兵卒だったが着実に昇進を重ね、1941年4月にイギリス極東軍司令官に就任。シンガポールの陥落は司令官として初めての敗戦であり、イギリス史上最大規模の降伏だった。

※2 山下奉文 (1885年11月8日〜1946年2月23日)
最終階級は大将。マレー作戦を成功に導き、国民的英雄となったが、戦前1936年の二・二六事件では犯行グループ

に理解を示すような姿勢が見られ、そのため天皇や東條英機からは極めて評価が低く、軍内部では冷遇された。敗北が決定的になってからフィリピン防衛の司令官を任されるなど、非常に有能ながら苦労をし続けた軍人だった。戦後、マニラの軍事裁判で処刑される。

※3 トーマス・スタンフォード・ラッフルズ（1781年7月6日～1826年7月5日）
「シンガポールの生みの親」と呼ばれる。動植物にも関心が深く、マレー半島などに分布する世界最大の花ラフレシアは彼が組織した調査隊によって発見され、ラッフルズの名からその名がついた。

※4
ただし、英領マラヤという視点で見た場合、現在マレーシアになっている地域には古くから人々が居住しており、その限りではない。

※5 英連邦
1931年に結成されたイギリス国王を頂点とする独立国家の連合体。イギリス、アイルランド自由国（後に脱退）、カナダ、ニューファンドランド（後にカナダと合併）、オーストラリア、ニュージーランド、南アフリカ連邦からなる。マレー半島での戦闘にはオーストラリア軍も加わっていた。

②

【マレーのハリマオ】

マレー半島を疾走した日本人義賊にマレー人は何を見た？

◆3000人のマレー人を率いた義賊の頭目

日本軍の電撃的な「マレー作戦」、イギリスの牙城・シンガポールの陥落など、太平洋戦争前半のハイライトともいえる戦闘の舞台となったマレー半島。

谷豊

この土地には、太平洋戦争の少し前から活躍した、伝説的な日本人義賊がいたことをご存知だろうか。

その名は谷豊[※1]。

彼の伝説は、枚挙にいとまがない。

義侠心溢れる人物で、3000人ものマレー人を手下として束ねていた。

華僑などの富裕層のカネを盗み、貧しい者にばらまいていた。

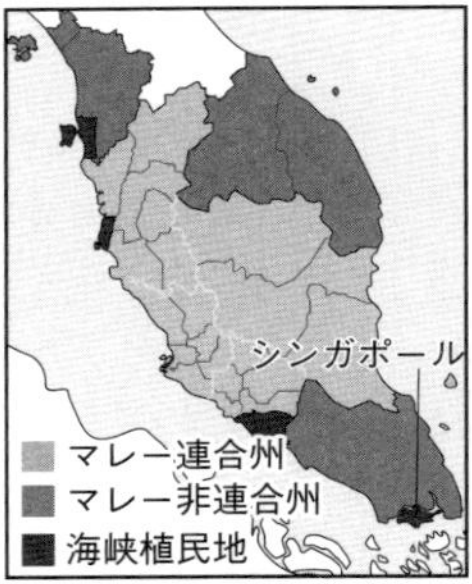

英領マラヤの行政区分

マレー語で「虎」を意味する「ハリマオ」と呼ばれ、富裕層には恐れられ、貧しい者には賞賛された。

太平洋戦争が始まると日本軍に協力し、イギリス軍の施設を爆破するなど、縦横無尽の活躍を見せた。

知れば知るほど、疑問が湧いてくる。

彼はいったい何者なのか。なぜ遠い異国で義賊になったのか。そしてなぜマレー人たちは日本人である谷を頭目として仰ぎ、その配下になったのか。

谷について研究した書籍は戦後何冊も出版されているが、ここではとくにマレー人たちの動機に注目したい。それを掘り下げていくことは、マレー半島におけるマレー人たちの立ち位置と、日本人をどのように見ていたか、ひいては太平洋戦争をどのように捉えたかという疑問の答えにつながっていくからだ。

まず戦前のマレー半島の状況を整理しておこう。

１９０９年までにマレー半島全域がイギリスの植民地とされており、「海峡植民地」[※2]「マレー連合州」[※3]「マレー非連合州」[※4]という３つの行政区に分割されていた。これらを総称して

「英領マラヤ」[※5]と呼び、ここからシンガポールを除き、さらに当時イギリスの保護国だったサラワク王国と北ボルネオを含めた地域が現在のマレーシアである。

英領マラヤのおもな産出物は錫と天然ゴムで、イギリスにとって非常に重要な植民地だった。そしてその運営のためには膨大な労働力が必要だったため、イギリスはある政策を行なった。だがその政策のために、もとから暮らしていたマレー人たちはある問題に直面する。

それは移民である。

◆イギリス領マラヤの人口（1911～40年）

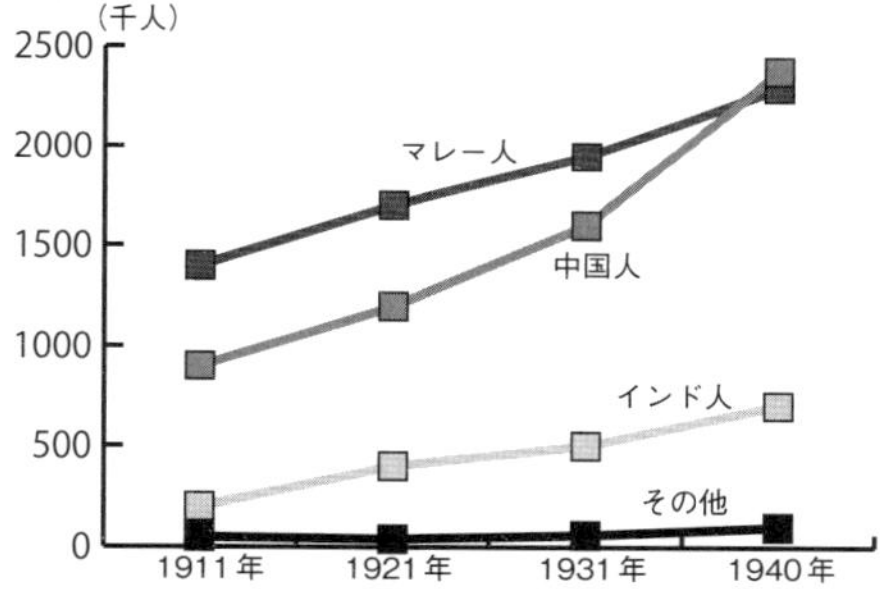

（池端雪浦『東南アジア史〈2〉島嶼部』山川出版社 1999より作成）

イギリスは錫産業にはおもに中国人（華僑）、天然ゴム産業にはおもにインド人の移民を労働者として導入した。とくに華僑の流入は顕著で、１９３７年の統計では海峡植民地の人口１２５万人のうち77万人、マレー連合州の人口１９６万人のうち83万人が華僑で占められるようになる。

当初はイギリスから優遇されていたマレー人だが、こうした移民の流入によって主要産業から爪弾きにされてしまい、農村に働き口を求めるしかなかった。一部の州では官吏として働くマレー人もいたが、英語が堪能なインド人にとって代わられた。つまり、移民により原住民であるマレー人は社会の傍流へと追いやられてしまったのである。

マレーのハリマオ、谷豊が頭角を現すのは、ちょうどこんな時代だった。

◆ハリマオの誕生

谷は英領マラヤの東岸・トレンガヌ州で理髪店を営む日本人家族の長男として、1911年に生まれた。

この時期、東南アジアに移り住んだ日本人は珍しくなく、谷が生まれ育った町にも30人ほどが暮らしていた。だが、住民の多くはマレー人で、華僑、インド人も見られた。

谷は喧嘩すら縁がない、おとなしい子供だったという。興味深いのが、なぜかいつもマレー人の友人に囲まれ、「ママ」[※6]というあだ名で呼ばれていたことだ。これは現地語で尊敬すべき相手に使う「おじさん」という意味の言葉。子供同士の呼び名としては珍しく、この頃からなんらかの存在感を発揮していたことを示唆する。

成長とともに、そうした不思議なカリスマ性はさらに開花していく。

谷の3人いる妹のひとり、ユキノは青年期の谷をこう回想する。

「不思議なんですけどね、その仲間たちが、ママって名前を聞くと、みんなぴっとしてなんでもいうことを聞くんですよ」

とはいえ、谷は威張るようなタイプではなく、なぜそのような求心力を発揮したのか、当時を知る家族は首を傾げるばかりだ。

そのころの英領マラヤは政治的な動乱が少ない土地で、一家の穏やかな生活はいつまでも続くかと思われた。しかし1932年、転機が訪れる。

11月上旬のある朝のことだった。

「逃げなさい！」

顔見知りのマレー人の男が、血相を変えて理髪店に飛び込んできた。店には母と3人の妹がいた。父は1年前に急逝しており、谷はこのとき徴兵検査のため、日本へ渡って不在だった。

母と妹たちはわけも分からないまま戸口に鉄格子がある近隣の歯科医へ避難すると、すぐに暴徒の集団が押し寄せてきた。彼らは華僑だった。刃物で武装し、次々と往来で目につく日本人を切りつけ、日本人が経営する商店を破壊していく。

やがて理髪店までたどり着くと、中へと飛び込んでいった。

このとき、避難した谷の家族たちは、理髪店の二階で眠っていた一番下の妹シズコを置き去りにしてしまっていた。しばらくすると華僑たちは理髪店から姿を現した。そのうちの1人が、小さな生首を手にしていたのを家族は目撃している。

華僑たちが立ち去ったあと、理髪店に戻った家族は、布団に横たわる首のないシズコの遺体を見つけた。シズコは5歳だった。朝日新聞の報道によると、犯人は一度逮捕されたが、イギリス植民地当局は被害者が日本人ということで、ろくに調査もせずに犯人を放免したという。

なぜ、こんな惨劇が起きたのか。

遠因は、この前年に中国大陸で起きた日本軍による満州の占領、満州事変である。いわば日本軍による中国領土の強奪であり、母国を侵略された華僑たちの反日感情は燃え上がった。マレー半島各地で抗日運動が起きるようになり、一家を襲ったのもそうした抗日集団のひとつだったのだ。

戦後に語られる通説では、妹の死を知った谷は華僑への復讐を誓い、マラヤに舞い戻って義賊になったとされる。またこの時期にイスラム教徒に改宗したようだ。しかし実際の足取りはほとんどわかっておらず、唯一はっきりしているのは1934年7月にマラヤ行きの旅券の発給を受けていることのみ。谷はその後、家族と再会することもなかった。

しばしの空白の時期を経て、少なくとも1936年にはマラヤ北部やタイで、華僑や白人からカネを奪う日本人義賊の噂が囁かれるようになる。このとき、谷は24、5歳か。ハリマオの誕生だった。

◆太平洋戦争とマレー人

20代半ばの異邦人が、マレー半島に名を轟かせる軍団を1年やそこらでどのように組織したのかは大きな謎だ。谷は手記を残しておらず、彼を知る者の証言は断片的で、細かな経緯や活動の内容は歴史の闇に埋もれてしまった。

しかし事実として、あちこちの都市から畏敬の声が聞かれ、手を焼いたイギリス植民地当局がハリマオの逮捕に20万海峡ドルの賞金をかけている。

また、ハリマオは都市ごとに秘密の通信網をつくりあげていたとされ、実際に日本軍がコンタクトを取ろうとした際、ある都市のタクシー運転手に「ハリマオに会いたい」と伝えたところ、しばらくしてから変装した谷が指定の場所に現れたというスパイ映画さながらのエピソードも残る。※7

その伝説には一部誇張された部分があるのも確かだ。

戦中の朝日新聞はハリマオの部下の数を3000人と伝えているが、実際には1000

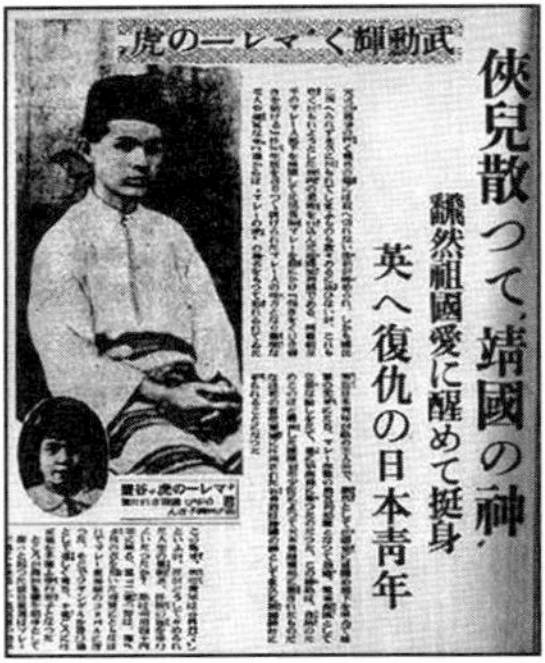
俠兒散って靖國の神
蹶然祖國愛に醒めて挺身
英へ復仇の日本青年
武勳輝く"マレーの虎"

ハリマオの活躍を報じる朝日新聞

人、少ない見積もりでは100人に満たなかったという説もある。

とはいえ、マレー人が谷を慕い、ともに戦っていることに違いはない。

それはなぜなのか。

幼少期から発揮されていた谷のカリスマ性にその理由を求めるのも、一応の納得がいく。谷に付いて行けば金銭が得られるという実利的な動機もあったかもしれない。しかし、無視できないのは、マレー人が英領マラヤの社会において虐げられていたということだ。

そんなときに支配階級である白人や華僑を狙う義賊が現れれば、喝采を送るのは想像に難くない。

また、谷が日本人であったことも無関係ではないだろう。

近代においてアジア人が初めて白人国家に勝利した日露戦争。この勝利の報せはもちろんマレー人たちにも届いており、日本人ならば自分たちを苦しめる白人の支配を破壊してくれるのではないか、という期待を多くの者が抱いていた。

実際、そんなマレー人の親日的ムードは、マレー作戦が成功した要因のひとつだった。マレー作戦では日本軍は自転車を使い、史上まれに見る速度での電撃戦を成功させたが、その影にはマレー人の協力があった。悪路ばかりが続く熱帯のジャングルを走るため、自転車のパンクや故障が続発したが、マレー人たちは進んで自分たちの自転車を提供した。

日本軍を歓迎するマレー人。（出典：高嶋伸欣『写真記録 東南アジア 歴史・戦争・日本 3 マレーシア・シンガポール』ほるぷ出版 1997）

この作戦に参加した※8岩畔豪雄《いわくろひでお》大佐はこう語る。

「マレー人は、我が軍に対し、いつも非常に協力的だったので、自分の自転車を無条件で交換してくれたばかりではなく、華僑の家に案内して、隠している新しい車を見つけてくれさえした。そのおかげで、銀輪部隊の自転車は、1日1日と新しくなり、落伍者がほとんど出ないようになった」

すなわち、マレー人たちは日本をイギリス支配からの解放者として捉えていた、といえるのだ。谷の部下となったマレー人たちも、そんな希望を抱いていたのではないだろうか。

日本軍の進撃を阻むため、マレー半島の橋に爆薬を設置するイギリス軍

最後に、谷のその後の人生について触れておこう。

マレー作戦の背後では、谷もマレー人の部下とともに、イギリス軍が撤退に使用する橋を破壊したり、逆にイギリス軍が日本軍の追撃を防ぐために橋を破壊しようとした際にはその爆弾を撤去したりと、地の利をもつ者ならではの活躍をしている。

だが、ジャングルを不休で走り回る生活は彼の体を消耗させていき、やがてマラリアを発症してしまう。周囲の者が止めるのも聞かず、任務を継続したのが致命的だった。

1942年3月17日の夕刻、シンガポールの病院で谷は息を引き取った。31歳の死だった。

死の2、3日前、死期を悟ったのか、谷はこんな遺言を残している。

「ぼくが死んだらここにいる仲間（マレー人の部下）にまかせてほしい、日本の偉い人が来てもらったらこまる。イスラム教のやり方で、この者たちにやってもらう」

谷が義賊になった動機は、妹を殺した華僑への復讐だったとされる。しかしこの言葉を見るに、目的はやがてマレー人のための戦いへと変わっていったのではないだろうか。だからこそ、マレー人として死ぬことを選んだ、とは考えられないだろうか。

谷の遺体はともに戦った仲間たちに担がれ、運ばれていった。埋葬場所は、私たちの知るところではない。

※1 谷豊（1911年11月6日～1942年3月17日）
福岡県で出生後、2歳の時に家族とともにマレーシアへ移住。10代なかばに日本で教育を受けた経緯があるが、幼少期の大部分をマレーの文化のもとで過ごした。1930年頃、イスラム教徒となり、1941年から日本陸軍の軍属となった。谷の活躍は戦意高揚のシンボルとして盛んに報道され、ハリマオをテーマにした映画やドラマが多数作られた。身長155センチメートルに満たない小柄な体格だったという。

※2 海峡植民地
シンガポール、ペナン、マラッカの3州

※3 マレー連合州
ペラク、セランゴール、ネグリ・センビラン、パハンの4州

※4 マレー非連合州
パーリス、ケダー、クランタン、トレガンヌ、ジョホールの5州

※5 英領マラヤ
英領マラヤはほかの東南アジアの植民地と比べ、大規模な独立運動や反乱がほとんど見られない、穏やかな土地だったとされるが、その理由は、このつぎはぎのような統治体制のためだ。なぜこんなつぎはぎのような形になったかというと、それぞれの土地に適した統治体制を敷き、植民地運営を円滑にするためである。海峡植民地はイギリスの直轄植民地であり、イギリス人総督が統治を行なっていたのに対し、マレー連合州とマレー非連合州には各州にスルタンが存在した。しかし、スルタンが主権をもっていたわけではない。マレー連合州では各州を統括する連合州政府が設置され、そこに君臨するイギリス人統監が最高権力者となった。マレー非連合州では、形式上、スルタンが最高権力者という形になっていたが、重要な国事は顧問として送り込まれたイギリス人が行なったのだ。

※6 ママ
正確には「ママック」だが、それがなまったものと推測される。

※7
日本軍はマレー作戦を行なうにあたって現地に精通した谷の協力を求めていた。谷との交渉には陸軍の諜報員・神本利男（1905年9月18日～1944年9月30日）があたった。1941年前半、谷はタイで逮捕され獄中にあったが、神本が保釈金を支払い、谷を救出。当初、日本軍への協力に消極的だったが、神本の熱意に押され、作戦に参加することを決断した。

※8 岩畔豪雄（1897年10月10日～1970年11月22日）
最終階級は陸軍少将。日本陸軍のスパイ養成機関だった陸軍中野学校の設立者であり、インド工作を行なったF機関を発展させた岩畔機関の機関長も務めた。日本軍の諜報活動の最重要人物とされ、満州国の組織の整備なども指揮した。

3

【華僑虐殺】
未曾有の虐殺事件に見る華僑の対日感情

◆在シンガポール華僑4万人が殺された？

シンガポールが陥落してから3日後の2月18日、まだ戦闘の余韻が冷めやらぬ街のあちこちにこんな張り紙が現れた。

「シンガポールに在住する18歳から50歳までの華僑の男子は、所定の場所に集合すること」[※1]

「各自は飲料水と食糧を持参すること」

「命令に従わない者は厳重に処罰される」

日本軍からの招集命令だった。何をするのか、一切言及していない告知。華僑たちは訝しんだものの、「処罰」の二文字を恐れ、指示に従わざるを得なかった。

集合場所には日本軍の訊問所が設置されていた。周囲は華僑でごったがえし、一人ひとり訊問が行なわれていくが、順番が後ろの場合は6日も街頭で待たされた者もいたという。

「検」の印がある証明書。(出典:高嶋伸欣『写真記録 東南アジア 歴史・戦争・日本 3 マレーシア・シンガポール』ほるぷ出版　1997)

訊問の内容も、不可解だった。

「タン・カー・キー[※2]という人物を知っているか」「職業はなにか」「刺青を入れているか」「10万ドル以上の資産があるか」など、質問の意図すらわからないものばかり。

そしてある者は「検」という印が押された紙片を渡されたり、腕に印を押されたりしたうえで帰宅を命じられ、ある者はトラックの荷台に乗せられた。荷台が満杯になるとトラックは海に向けて走りだし、乗せられた者たちは、二度と戻ってこなかった。

これが「シンガポール華僑虐殺」と呼ばれる日本軍の戦争犯罪の概要だ。日本軍が起こした虐殺事件というと中国における「南京大虐殺」があまりにも有名なため、日本人の認知度は高くはないが、シンガポールでは現在も教科書に記され、日本軍の非道として語り継がれている事件である。

しかしながら、この華僑虐殺を正当に評価するのは簡単ではない。

第一に、犠牲者数が定まっていない。日本側とシンガポール側ではその数に大きく隔たりがあるのだ。

日本側から見ていくと、1942年3月4日付の朝日新聞では「7万699人を逮捕した」とある。この逮捕とは訊問した人数であり、殺害した人数には触れられていない。当時のシンガポール警備司令官だった河村参郎少将の日記には「処分人数総計5000名」という記述がある（ただし、これは訊問が続いていた2月23日時点での数字であり、このあと増えた可能性は多々ある）。

シンガポールでの日本軍による粛清を写した写真とされる。時期、場所は不明。（出典：シンガポールヘリテージソサエティ『シンガポール 近い昔の話』凱風社 1996）

実際に現場で任務にあたった者の報告書や戦後の調査委員会でも同様の数字が散見され、日本側の定説ではおおむね「5000名以上」とされている。

一方で、シンガポール側はどうだろう。

シンガポール華僑籌賑会《かきょうちゅうしんかい》が1946年1月に出した調査結果では死者は4288人、翌月に出されたイギリス軍政部の調査では約5000人とされる。

だが、戦後の復興期を経てその数は増大する。各地

シンガポールのチャイナタウンに建造された虐殺の歴史を示す記念碑。©Terence Ongand Licenses for reuse under Creative Commons Licence.

の工事現場などで多数の遺骨が発見されたことを受け、死者は4万人から5万人という説が登場し、今日の華僑の間ではそれが定説になっている。

◆シンガポールの特殊性

戦争における被害国と加害国では多々あることだが、この華僑虐殺について日本とシンガポールの見解はいまだ平行線をたどっている。

実際のところ、犠牲者数を正確に割り出すことはもはや不可能だろう。当時の記録を検証する材料は乏しく、当時を知る人々もほとんど亡くなっている。そもそも現場にいた人々の証言をつなぎあわせても、犠牲者が数万におよぶ可能性がある虐殺の全貌を、正確に再現することなどできないからだ。

この事件を評価するための第二の問題は、虐殺の目的である。

これに踏み込むには、まずシンガポールという国家の特殊な人種構成を知る必要がある。

太平洋戦争開幕直前、１９４１年６月時点のシンガポールの人口は約77万人。そのうちの約60万人が華僑だった。

実に人口の78パーセント。本来、マレー人の土地であったはずのこの地域にこれほどの華僑が流入した理由は先述のイギリスの移民政策にある。イギリスがシンガポールを開発する際に、多くの中国人を入植させ、都市を発展させていった。

◆華僑の人口の変遷

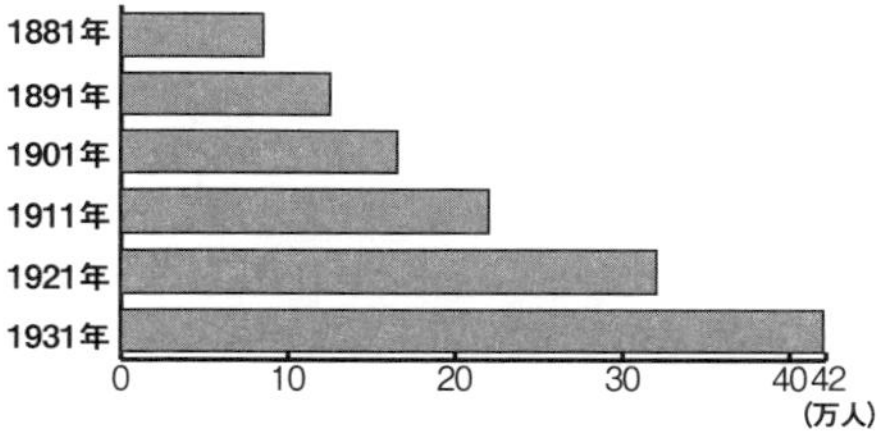

（論文「地図から見た東南アジアへの華人の移住」から作成）

このように、華僑はシンガポールの成り立ちからその主要な構成民族だったわけだが、さらにイギリスが白人と同様の税率や財産の所有権を認め、政治的発言も許可するなど華僑に対する優遇措置をとったことで華僑の流入はさらに増加。シンガポールの経済の中核を為すようになっていったのである。

そんな彼らは、母国である中国との結びつきも強く、日中戦争が勃発すると日本を敵視するようになり、抗日運動も活発になっていく。

華僑による義勇軍が結成され、来る日本との戦いに向けて訓練が行なわれるようになった。日本と戦う国民党政府への献金も活発化した。日中戦争の前半にあたる１９３７年７月から１９４０年10月まで、国民党政府が海外の華僑から得た献金は約２億９４００万元にのぼるが、そのうち約１億２５００万元はシンガポールを含むマラヤからのものだった。

すなわち、シンガポールはイギリスの牙城であると同時に、華僑の抗日運動の中心地でもあったのだ。そんな土地で軍政を敷こうとした日本軍にとって、華僑は危険分子でしかない。

義勇兵が民衆に紛れてテロを起こす危険性もあったし、国民党政府を弱体化させるため、献金ルートを撲滅したいという意図もあった。

またマレー作戦では「ダルフォース」[※3]に代表される華僑の義勇軍によって多大な損害を被ったため、復讐の意図もあったとされる。要は、華僑虐殺は軍政を円滑にするために、その障害となりうる華僑の抗日勢力を排除する目的で行なわれたのだ。

しかしながら、すべての華僑が抗日的な活動を行なっていたわけではないのは想像に難くない。戦争と関係のないところで、平穏に暮らしていた人々も大勢いた。

つまり、この虐殺事件の最大の問題点は、日本軍がどのように抗日分子と一般民衆を区別したか、という点なのだ。

◆「俺はシンガポールの人口を半分にしようと思っているのだ」

タン・チェン・ウィーという男性は、虐殺の現場から生還した数少ない華僑のひとり。彼は処刑場に運ばれてからの出来事をこう回想する。

「一列に並べって言われたんです。うしろは私たちの墓穴でした。（中略）全部で墓穴は二列だったと思います。5、60人ずつのね。（中略）機関銃の音が聞こえました。みんな倒れたので、私も倒れたんです。みんな撃たれて死にました。私の腕にも当たったんですが、深夜になるまで何も感じませんでした。意識がはっきりしてきて初めて、痛みを感じたんです。だから、声をあげて泣いていました」

彼はその後、近隣の村人に救出され、九死に一生を得た。周囲は死体の山だった。

彼も抗日分子だったのだろうか。そんなことはない。タン・チェン・ウィーは中国人学校の教員だった。親戚に抗日運動家がいただけで、彼は無害な一般市民だったのだ。

日本軍はどんな基準で殺害する者を選別したのだろう。

先述の不可解な質問を思い出していただきたい。まず、これによって「タン・カー・キーを知っている者」「親イギリス的な者」「共産主義者」「秘密結社のメンバー」などと判断された者はみな抗日分子とみなされて殺害された。

辻政信

だが、質問の答えを偽ることは簡単だ。そこで、日本軍は現地の有力者や警察などを抱き込み、容疑者を選別させている。けれど、そうした取り調べに厳密な基準があったかどうかは首を傾げざるを得ない。

たとえば当時、訊問を行なった中山三男憲兵曹長は「インテリ階級はみな抗日意識旺盛」という「根も葉もない噂」をもとに、「小綺麗な格好をしている者」や「賢そうな人相をした者」を次々と容疑者にしていった、と語っている。

もちろん厳密に取り調べをした部隊もあって、市街地北西部で訊問を行なっていた市川正少佐は、300人中、中国政府発行の書類をもっていた1人を除いて全員を釈放している。部隊によって対応が全く違ったようだが、全体的にはきわめておおざっぱに選別が行なわれた。こうして見ると、まるでシンガポールの華僑の大多数を排除してしまおうという意図があったかのようにも思える。

実は、そうとしか思えない発言をしている軍人がいる。この虐殺を主導した軍参謀・辻[※4]政信中佐である。

選別のさなか、彼はある部隊の持ち場を訪れ、「何人選別したか」と尋ねた。返答は70人。

すると辻中佐はこう叱咤した。

「なにをぐずぐずしているのか。俺はシンガポールの人口を半分にしようと思っているのだ」

危険分子を排除することと殺害数を増やすことは全く関係がない。辻中佐は明らかに罪のない者を含めた華僑自体の排除を企図していた。こうした上官の思惑が容疑者の選別のずさんさとして反映されたのは事実だろう。[※5]

1965年以降、シンガポールの初代首相を務めたリー・クアンユー[※6]は、当時を振り返ってこんなことを書いている。

「日本人は我々に対しても征服者として君臨し、イギリスよりも残忍で常軌を逸し、悪意に満ちていることを示した。（中略）同じアジア人として我々は日本人に幻滅した」

※1　18歳から50歳まで
証言によっては「15歳から60歳の男女」など、諸説ある。ここではよく引用される数字を用いた。

※2　タン・カー・キー（陳 嘉庚）（1874年10月21日～1961年8月12日）
イギリス植民地時代のシンガポールを代表する実業家。ゴム製造業で巨万の富を築き、芳醇な資産をもとに中国共産党を支援し、排日活動を指揮していた。シンガポール占領直前にインドネシアのジャワ島に逃れ、終戦まで同地に潜伏していた。

※3 ダルフォース
1941年12月に結成された華僑の義勇軍。隊員数は約400名で多くが中国人の民族主義者と共産主義者だった。当時のシンガポールでは多くの共産主義者が獄中にあったが、イギリスは日本戦に備えて彼らを釈放。軍事訓練が施され、急造の軍隊となった。その名は指揮をとったマレー保安警察部長ジョン・ダレー大佐にちなむ。

※4 辻政信（1902年10月11日～1961年以来消息不明・1968年7月20日死亡宣告）
最終階級は陸軍大佐。ソ連と日本陸軍との軍事衝突であるノモンハン事件や、太平洋戦争中のマレー作戦、ガダルカナル島の戦いなど、重要な局面でたびたび参謀として活躍。「作戦の神様」という異名をとるが、GHQからは「第3次世界大戦を引き起こしかねない男」と極めて危険視された。戦後は海外に潜伏後、帰国して政治家に転身。参議院議員在任中の1961年4月に視察先のラオスで行方不明になる。

※5
虐殺に抗議した日本軍人もいる。F機関の藤原岩市少佐は虐殺事件を知ると「このような野蛮な行為は逆にアジア民心の離反を招き、東亜解放の大義も失墜させる」と軍上層部に猛抗議した。

※6 リー・クアンユー（1923年9月16日～2015年3月23日）
独立シンガポールの初代首相。日本軍占領下のシンガポールで青年期を過ごし、43年から44年まで連合軍から傍受した通信の翻訳などで日本軍に協力した。戦後は人民行動党を設立し、シンガポール独立に尽力。独立後は「開発独裁」と呼ばれる独裁的な統治を敷きながらシンガポールを経済大国へと育て上げた。

4 日本の支配がシンガポールにもたらした決定的な変化とは？

【シンガポール解放とその後】

◆「昭南島」時代

日本によって占領された3年8ヶ月の間、シンガポールは「昭南島《しょうなんとう》」と呼ばれていた。これは通称ではなく、行政的に変更された正式名称だ。これには何の意味があったのだろう。わざわざ名称を変えれば住民の混乱を招き、行政的に不都合もあったはずだ。

事実、ほかの支配地では日本名への改称は見られず、ビルマやフィリピンはもとより、独立させる予定のなかったインドネシアも例外ではない。

シンガポールは、イギリスの植民地支配の象徴とされた土地である。それを踏襲したわけではないが、日本はこの地を日本領土化し、「大東亜共栄圏」の東南アジアにおける文化的拠点にしようと考えていた。

昭南神社に参拝する日本兵。建物は日本から宮大工を呼び寄せて建造された。日本軍降伏後、爆破されて現存していない。(引用:高嶋伸欣『写真記録 東南アジア 歴史・戦争・日本 3 マレーシア・シンガポール』ほるぷ出版 1997)

その証拠に、インドネシアやフィリピン、ビルマなどでは既存の行政機構を流用して統治が行なわれたが、シンガポールの場合、占領初期から昭南特別市政庁を設置して日本人が市長に就任。そして東南アジアの支配地のなかでもとくに念入りな日本化政策が行なわれたのである。

昭南島という名は、日本のなみなみならぬ意欲の表れだったのだ。

それまでより2時間早い東京時間が採用され、「君が代」の斉唱や皇居の方向への礼拝が義務付けられた。1943年末には、伊勢神宮を模した「昭南神社」がシンガポールの中央に建設される。

そんななかとくに力が注がれたのが、日本語教育だ。日本語の新聞の発行やラジオ放送から始まり、各学校では授業の大半が日本語の学習に当てられた。

君が代斉唱や神社参拝などに戸惑う者が続出したが、意外なことに日本語の学習には熱心に取り組む者も多かった。

これは貿易都市の市民ならではの商人気質の影響なのかもしれない。今後増えるであろう日本人と商売をするためには日本語が不可欠だったたし、日本語が上手い者は通訳としての職が開けたからだ。

ラジオ体操をするシンガポールの子ども。ラジオ体操は軍国少年育成のため国内外問わず盛んに行なわれた。（引用：高嶋伸欣『写真記録 東南アジア　歴史・戦争・日本 3 マレーシア・シンガポール』ほるぷ出版 1997）

だが、彼らが日本語に取り組んだ理由は、前向きなものばかりではなかった。

当時、シンガポールで教員をしていたチェ・シュエン・チューはこう語る。

「何か過ちを犯して、首を刎ねられるのではないかとビクビクしていたんです。日本軍は『言うとおりにしないと首を刎ねてやる』と、いつも脅すんです」

憲兵隊が治安維持のために四六時中住民を監視していた。[※1]憲兵隊から取り調べを受けたとき、日本語が話せなければ殴られたり、最悪の場合は殺害されたりするケースもあったという。日本文化に適応することは、身を守るためのすべでもあったのだ。

このようにして昭南島時代のシンガポールには日本文化が急速に広がっていったが、歴史的な視点で見たとき、その影響が大きかったかといえば、答えはノーだ。日本の敗戦とともに昭南神社は破壊され、人々は日本語を放棄した。植民地政策の大ベテランであるイギリスですら、西洋文化を母体としたシンガポール社会を作り上げるのに1世紀以上の時間をかけたのだ。3年8ヶ月程度で、そうした文化が根底から覆ることなどありえなかったのである。

◆シンガポール社会におきた地殻変動

では、日本の統治は現在に至るシンガポール社会に何の影響も残さなかったのか。

その答えもまたノーである。

日本化政策と同時に推進された人種政策が、シンガポール、ひいては英領マラヤ全体のその後の歩みを大きく変えた。

戦前のシンガポール社会は大きく3つの階層に分かれていて、最上位はヨーロッパ人、その下に華僑、底辺にマレー人とインド人という構造だった。

そこで注目すべきは、各民族間の交流がほとんどなかったことだ。

ヨーロッパ人はヨーロッパ人と、華僑は華僑と、マレー人はマレー人と、インド人はインド人としか交流をもたず、いわばシンガポールという都市は、複数の小社会の集合体のようなものだったのだ。

これは植民地経営をするうえで非常に便利だった。

ほかの民族と交流がなければ民族間の格差にも気づかず、イギリス支配に対する不満も生まれづらい。また被支配民族同士で協力してイギリスから独立しようとする機運も生まれづらかった。

日本軍はこの階層社会を完全に破壊した。

ヨーロッパ人を追放し、華僑を徹底的に弾圧。一方で、マレー人とインド人は優遇された。とくにマレー人の優遇ぶりは顕著で、学校の生徒数の変遷をみていくとよくわかる。

戦前、マレー語学校は29校で生徒数は５８００人、華僑が通う華語学校は３７０校で生徒数は３万８０００人だったのに対し、日本占領中はマレー語学校22校・約４万５０００人、華語学校21校・約２５００人と生徒数は逆転しているのだ。

それ以外にも、マレー人が信仰するイスラム教に寛容だったり、マレー人中心の政治参与団体の結成を許可したり、人材育成機関として「昭南興亜訓練所」を設立して未来のエリートを育成したりと、日本軍はなにかとマレー人を優遇している。

その理由は、英領マラヤ侵攻時に日本軍に協力するマレー人が多かったためとされる。

イギリスの民族分断によって民族運動は起きなかったが、やはり当時の社会に不満をもつマレー人が多かったのだ。

日本統治時代のシンガポールを振り返るとき、日本軍の残虐性が強調されることが多い。たしかに華僑虐殺に代表される悲劇的な事件は無視できない。

しかしながら、昭南興亜訓練所に代表される教育機関を設け、動物のように扱われていたマレー人に立身出世の道を開いたのは日本軍政の最大の遺産とされる。事実、マレーシアの外務大臣を務めたガザリー・シャフィーなど、後世の要人がこの訓練所から大勢輩出されているのだ。

◆日本支配の終焉

圧政に苦しんだものの、日本統治時代の前半においてシンガポールは戦火とは縁がなかった。しかし、1944年の後半になると連合軍の空襲が増え始め、食糧や日用品が不足し、きわめて深刻なインフレに見舞われるようになった。

工場などから機械類を撤去しはじめる日本人ビジネスマンもおり、1945年の前半には、現地の住民は日本の敗戦が間近であることを肌で感じていたという。

そして同年8月15日、日本は連合軍に降伏した。

◆ **マレー半島の物価の変動グラフ(kati＝625ｇ)**

年／品物	軍票				
	1942(12月)	1943(12月)	1944(12月)	1945(7月)	1945(8月)
白米(／kati)	0.5	2.50	8.20	36.00	75.00
白砂糖(／kati)	0.85	3.80	18.00	72.00	120.00
塩(／kati)	0.25	2.00	9.50	22.00	28.00
ヤシ油(／kati)	0.25	1.00	5.40	18.00	52.00
ブタ肉(／kati)	1.20	4.00	22.00	200.00	280.00
牛肉(／kati)	1.10	3.60	18.00	18.00	260.00
卵(／個)	0.10	0.28	1.25	8.50	35.00
魚(／kati)	0.48	4.50	25.00	40.00	60.00

(内海愛子／田辺寿夫『アジアからみた「大東亜共栄圏」教科書に書かれなかった戦争 2』梨の木舎1995から作成)

だが、これがシンガポール独立に直結したわけではない。

日本降伏から約3週間後の9月5日、イギリス軍が再上陸すると、住民はイギリス国旗を振って歓迎した。

インドネシアではオランダ軍と住民の戦闘が起こったが、シンガポールの対応はまったく逆である。たしかに、現在でもシンガポール人は、日本をいたずらに社会を乱し、文化の破壊を試みた侵略者と捉える傾向が強い。一方で、ジャングルを開墾してシンガポールを世界有数の貿易都市に育て上げたイギリスに対しては「イギリスあってのシンガポール」という認識が強く、評価する傾向にある。

とはいえ、イギリス軍が再上陸したシンガポールには、戦前までのそれとは決定的な違いがあった。日本軍に占領されるまで、シンガポールの人々はイギリスに支配されるということについて何の疑問も抱いていなかった。

しかし、絶対的なものと信じていたイギリスは日本に倒され、多くのヨーロッパ人は現地住民を置き去りにして逃げ出してしまう。日本の統治は過酷だったが、それまで社会の底辺だったマレー人たちに高度な教育を施した。

シンガポールの人々の価値観はぐらぐらと揺れたはずだ。その結果、「シンガポールを統治する権利をもつべきなのは誰なのだろう」という疑問を抱き始めたのである。

昭南興亜訓練所第一期生で、のちにマレーシア外務省情報センター所長を務めたニック・モハマドはこう語る。

「戦争は誰だってきらいです。どんな人にも苦痛を与えます。しかし、戦争によって人々に民族としての政治的な意識が芽生えました。それまで政治をまったく考えることはありませんでしたが、民族意識が高まり、政治的な変革を意識するようになりました。独立という意識に目覚めたのです」

戦後、英領マラヤではイギリスの植民地支配が続いていたが、独立運動が活発化し、1957年8月31日、英領マラヤの大部分の地域が英連邦内の一国として独立。そこへシンガポールが合流し、1963年、マラヤとシンガポール、英領ボルネオ（ブルネイを除く）[※2]からなるマレーシアが誕生した。

しかしマレーシアはマレー人が主導権を握る国家であり、おもにシンガポールに暮らす華僑の不満が募ったことで、民族対立が激化。その結果、1965年8月9日、シンガポールを連邦から追放する形で単一国家として独立させることになる。

こうして現在のマレー半島の形が出来上がったのである。

※1
住民はブロックごとに分けられ、互いに監視しあう「隣組」制度や、親戚を訪問する際は事前申請を求める制度など、日本統治時代のシンガポールはかなり抑圧された社会だった。

※2 シンガポールが合流
戦後まもない1946年4月1日に、イギリスは英領マラヤをシンガポールとそれ以外（マラヤ連合。のちにマラヤ連邦へ改称）に分割し、それぞれ別の植民地として統治し始める。この時、日本占領時代に弾圧された華僑と優遇されたマレー人の対立が表面化しつつあり、華僑が多数派のシンガポールとマレー人が中心のマラヤ連合に分けることで、両者の衝突を避ける狙いがあった。しかしシンガポール内では民主主義を推進するグループと共産主義を推進するグループの衝突が激化し、シンガポールの共産化を防ぐため、先に独立したマラヤ連邦へ合併することが決まった。

第5章

インド

〈戦前の呼称：イギリス領インド〉

Data of During the Pacific War

首都：ニューデリー
成立：1858年※1
宗主国：イギリス
国土面積：490万3312km²
人口：3億3100万1000人※2
主な言語：ヒンディー語、英語など
主な宗教：ヒンドゥー教、イスラム教

※1：これはイギリス本国の統治が始まった年代。実質的には1600年からイギリス東インド会社によって植民地化が進められていた。
※2：History Database of the Globa Environment (2006)を引用。

The present data

首都：ニューデリー
独立：1947年8月15日
国土面積：328万8000km²
人口：13億2400万人(2016年)
主な言語：ヒンディー語、英語
主な宗教：ヒンドゥー教

1

【インドの独立運動】

イギリス植民地時代のインドに存在した2つの独立の潮流

◆ガンディーと対極の独立運動家

インド独立の功労者といえば、多くの人はマハトマ・ガンディー[※1]を思い浮かべるかもしれない。非暴力・不服従を掲げ、インドの独立運動を牽引した彼は、インドのみならず、今日では世界中から尊敬を集める偉人のひとりだ。

しかし、彼の非暴力・不服従の運動が具体的にどのようにして独立に結びついたのかと問われれば、イメージがわかない人も多いのではないだろうか。

実際のところ、インドが独立を達成できた要因はガンディーだけではない。

そこにはさまざまな見方がある。ヒンドゥー教徒のインド人ならばガンディーを独立の父とする傾向が強いが、インドから独立分離したパキスタンの人々ならイスラム教系の独立運動家たちの戦いの成果だと捉えているし、イギリス人ならばチャーチル退陣後に与党となった労働党が独立を「与えた」とする認識が主流だ。

　こうしたなかで「日本との関係」という視点から見た時に、欠かすことのできない人物がスバス・チャンドラ・ボース（198ページ参照）である。

チャンドラ・ボース

ガンディー

　彼の独立運動の方法は、ガンディーとは対極にあった。チャンドラ・ボースは武力によるイギリス打倒を志し、日本軍と手を組んで太平洋戦争下のアジアで闘争を繰り広げ、戦後のインド独立に多大な影響を与えた。

　その影響力は、インドの政治史学者ハリ・ハラ・ダスによると「ガンディーの非暴力主義反英不服従運動はインドの独立を数十年遅らせ、ボースの反英闘争は独立を少なくとも10年以上は早めた」とまで言われるほどだ。

　この章ではおもにチャンドラ・ボースを追いながら、インドと太平洋戦争との関係を探っていく。

　最初にインドがイギリスに植民地化されるまでの経緯について触れておこう。

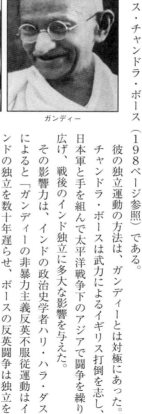

インドには約7000年前には農耕文化が興り、紀元前2600年からは世界最古級の文明のひとつであるインダス文明が栄えた。その後はマガダ国を端緒に、大小さまざまな国家が乱立、興亡する歴史が続く。

16世紀、インドには統一王朝のムガル帝国が存在していたが、大航海時代の到来とともに西欧諸国が我先にとインドにおける利権を拡大していった。18世紀になると西欧諸国同士のインド争奪戦が表面化し、それを勝ち抜いたイギリスはムガル帝国、マイソール王国、マラータ王国など、当時のインドに存在した国々に戦争を仕掛け、次々と滅ぼしていく。

そしてイギリスは1858年、「インド統治改善法」を制定して、それまでのイギリス東インド会社による支配から、イギリス国王による直接統治へと乗り出したのである。

◆イギリスの強さを支えたのはインド

「太陽の沈まない国」と呼ばれ、18世紀から20世紀前半にかけて名実ともに世界最強の国の一角とされたイギリス。その繁栄は、インドによってもたらされたと言っていい。

植民地支配が始まると、インドの農民は紅茶や綿花、染料のインド藍、アヘンといった高利率の経済作物の栽培を強要され、イギリスはそれを第三国へ輸出することで多大な利益を得るようになった。

もうひとつインドの植民地政策で重視されたのが、イギリス製品の市場としての役割だ。イギリスはさまざまな法律でインドの国内産業を妨害し、自国の絹製品や綿花製品を大量にインド市場へ送り込んだ。インドの人口は18世紀の時点で1億以上、19世紀で2億以上と推測され、こちらも莫大な利益をあげた。こうして吸い上げられたインドの資本や産物は、イギリスが世界帝国へと成長するための重要な原動力になったのである。

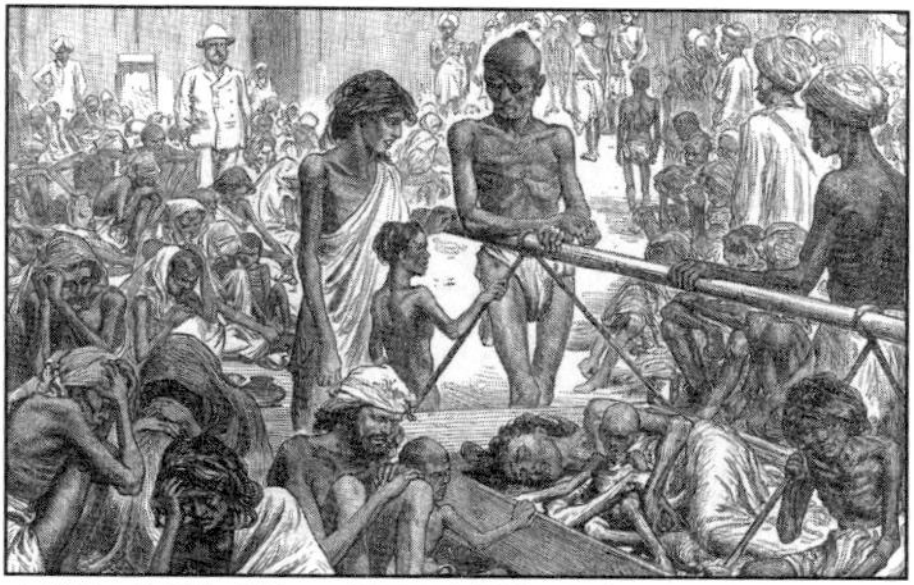

イギリス植民地時代には数百万人規模の死者が出る飢饉がたびたび起きた。イラストはイギリスの週刊新聞が1877年に報じたベンガルの飢饉の様子。インドでは1854年から1901年までに飢饉で2882万5000人が死亡したという推計がある。

もちろん、そのような搾取が横行してインドの民衆が無事で済むはずがない。18世紀まで、インドは世界有数の綿製品の輸出国だったが、19世紀半ばまでに輸入国になり、国内の主要産業だった織物は完全に凋落《ちょうらく》してしまう。1780年に40万1193ポンドだったイギリスからインドへの輸出額は1850年には802万4000ポンドへと跳ね上がった。

ある[※2]インド総督の言葉に「商業史上、この惨状に

ボンベイで行われたインド国民会議の第一回集会の参加者。1885年12月末に撮影。

比すべきものはほとんど見いだせない。綿織工たちの骨が、インドの平原を白色化している」というものがあるが、それは比喩だとしても、数千万ともいわれる職を奪われた職工や土地を奪われた農民が発生。飢饉などもたびたび起こり、ときには人口の3分の1が餓死する地域もあったという。

　そんなインドで独立の機運が高まり始めるのは19世紀後半のことだ。イギリスはインド人から搾取する一方で、統治の円滑化のためにボンベイ、マドラス、カルカッタ（ボンペイは現ムンバイ、マドラスは現チェンナイ、カルカッタは現コルカタの旧称）の3都市に大学を設置し、インド人の官吏の育成を進めていた。

　こうした高等教育によって知識階級が誕生し、いくつかの政治団体が結成され始める。そのうちのひとつがガンディーやチャンドラ・ボースが所属することになるインド国民会議だった。

◆ガンディーのやり方では独立は不可能

インド国民会議は当初、イギリス国王に忠誠を誓う穏健派知識人の集団で、イギリス側も植民地支配に対する不満の「ガス抜き」として歓迎していた。

だが、インド人の権利の拡大などを訴えるインド国民会議に対してイギリスは弾圧を始め、それに対してインド国民会議はより強硬な態度で応える、というイタチごっこの様相を呈し、インド人の反英運動は日に日に高まりを見せていく。

こうした対立がもっとも顕在化したのは第一次世界大戦後だ。

戦争勃発とともにイギリスはインドに「戦争に協力した場合、終戦後に自治権を与える」という取引を持ちかけ、インドも全面的に協力した。第一次世界大戦に動員されたインド兵は150万人にものぼるという。

しかし、いざ戦争が終わってみれば、イギリスは「ローラット法案」という独立運動の弾圧政策を発表し、約束を反故にしてしまうのだ。

裏切られたインド民衆は怒りに震え、1919年には少なくとも300人以上が死亡する反英暴動が発生。過去最高潮に独立を求める声が高まり、ここで満を持してマハトマ・ガンディーが登場する。

南アフリカ共和国で弁護士として活躍していたガンディーは、第一次世界大戦を契機にインドへ帰国し、インド国民会議に合流。そのカリスマ性で指導的立場に登りつめると1920年頃から非暴力、不服従の反英運動を開始するようになった。

その運動でとくに有名なのは1930年3月から4月にかけて行なわれた「塩の行進」だろう。

当時のインドでは塩はイギリスの専売制になっており、勝手に製塩したり、塩の販売を行なったりした者は罰せられていた。

ガンディーは弟子とともにインド西部の都市アーメダーバードからボンベイ付近のダンディ海岸までの約390キロメートルを歩き、道中の村々で塩の不買を説いた。多くの人々が共感し、ガンディーが海岸に到着した時点で行進の列は数万人に膨れ上がっていたという。

塩の行進をするガンディー（中央）

行進の影響は絶大だった。

海岸地域では自家製塩を始める人々が急増し、イギリスの塩の売上は激減。イギリス製品の不買やストライキは塩以外にも波及し、16のイギリス系紡績工場が倒産している。

しかし、ガンディーの運動は民族の結束を強めたものの、インドの独立の決定打にはならなかった。塩の行進の後、イギリスはガンディーを含め10万人もの人々を逮捕し、弾圧をさらに強めたのである。

こうしたガンディーを師と仰ぎながらも、ガンディーとは相反する思想を抱いていた人物こそ、チャンドラ・ボースだった。

20代にしてインド国民会議の指導者のひとりになっていた彼は「ガンディーの武力によらぬ反英服従運動は、世界各国が非武装の政策を心底受け入れない限り、高遠な哲学ではあるが、現実の国際政治の舞台では通用しない」と考えていた。

そして、武力闘争の方法を模索していくのである。

※1 マハトマ・ガンディー（1869年10月2日〜1948年1月30日）
インド独立に尽力した政治指導者。ロンドンで法律を学び、その後はイギリス領南アフリカ連邦で弁護士をしていたが、第一次世界大戦を契機にインドに戻り独立運動に参加。現在も国民から絶大な人気を誇り、「バープー（お父さん）」と呼ばれる。ガンディーの誕生日である10月2日は「ガンディー記念日」としてインドの国民の休日になっている。

※2 インド総督
インドにおいて国家元首と首相を兼ねた役割を果たした。イギリス人の政治家、軍人、外交官などさまざまな経歴の者が、イギリス国王とインド担当大臣の相談によって任命されることが多く、独裁的な権力を保持した。任期は基本的に5年で、イギリス本国の閣僚の年俸の5倍近くの高給が支払われたため「大英帝国でもっとも魅力的なポスト」と呼ばれた。

2 太平洋戦争の開幕を狂喜したカリスマ独立運動家

【スバス・チャンドラ・ボース】

◆東條英機を魅了したカリスマ

かつて東條英機首相は、チャンドラ・ボースと面会後にこう嘆声を漏らしたという。

「ありゃあ、人物だァ」

現在の日本での知名度はガンディーほど高くないが、チャンドラ・ボースは多くの傑物が活躍した太平洋戦争期でも突出した指導者だった。

酒もタバコも嗜《たしな》まず、1日に2～3時間しか眠らずに独立のための資金や人材集めに奔走する姿勢は周囲の人々の心を打った。さらに、情熱的でカリスマ性溢れる振る舞いに、先の東條首相をはじめ、多くの日本軍の幹部も「惚れ込んだ」といわれる。ただ、あまりにもエネルギッシュだったため「やけに尊大ぶる男」と批判されることもあったのだが。

そんなチャンドラ・ボースだが、インドで独立運動を行なっていた時期は必ずしも順風満帆とはいえなかった。

チャンドラ・ボースは１８９７年、インド東部のベンガルで生まれた。ボース家はかつてマハラジャの大臣を輩出した指折りの名家で、チャンドラ・ボースはイギリス式の英才教育を受け、１９１３年、２番の成績でカルカッタ大学予科に進学。やがてはイギリスのケンブリッジ大学に留学する。まさにエリートとしての地位を約束された華々しい経歴だが、彼は大学在学中から民族独立運動に傾倒していく。

東條英機（右）と面会するチャンドラ・ボース（中央）。1943年６月10日に撮影。

１９２０年、彼はインド人官僚としては最高の地位にあたる高等文官の試験に合格（不合格だったとする説もある）。しかし、官僚になったところでイギリスの道具になるだけと考え、資格を返上。翌年、ガンディーのもとを訪ね、インド国民会議に合流したのだった。

その後のチャンドラ・ボースの活躍は劇的だ。反英運動のカドで最終的に11回もの逮捕・投獄をされながらも、常に運動の先頭に立ち、国民会議の事務総長や

インド国民会議の義勇軍とともに写るチャンドラ・ボース（中央）。1929年に撮影。

カルカッタ市長などを歴任していく。

だが、そうした彼にとって最大の障害となったのは、イギリスの取り締まりではなく、インドの独立運動の頂点ともいえるガンディーだった。

チャンドラ・ボースはガンディーとの政争によって、国外脱出すら余儀なくされるのだ。

◆ガンディーとの対立

インドの独立運動の全体像は、難解といわれることが多い。

独立運動の中心となるのはチャンドラ・ボースやガンディー、インド独立後に首相に就任するネルーなどがいたインド国民会議であることは間違いないが、それ以外にもイスラム教徒からなる[※1]「全インド・ムスリム連盟」や共産党などの独立勢力が存在し、それぞれが独自の理想をもって活動していた。

それをあえて単純化すれば、インドの独立運動にはガンディー率いる国民会議主流派の「非暴力・不服従闘争」と、チャンドラ・ボースを旗手とする国民会議急進派の「武力闘争」という2大潮流があったといえる。

つまり国民会議の内部には相反する勢力が存在したわけだが、その関係を眺めていくと、聖人と呼ばれるガンディーの意外な一面が浮き彫りになるから興味深い。

そもそも国民会議という組織は、イギリスの西洋教育によって登場した知識人の集団であり、イギリスから離れては存在意義を失うという自己矛盾を抱えていた。そのため独立運動は展開するものの、基本的には英連邦の一員としての自治を求めるという妥協的な性質があったのだ。

ガンディーも例外ではない。たとえば「塩の行進」のあと、イギリスの弾圧が激化したが、最終的にはガンディーはイギリスから「デリー協定」という譲歩案を引き出している。これは、イギリス側は全政治犯の釈放、没収財産の返還、製塩の自由化などを行ない、国民会議側は民衆のストライキや不買運動を中止させるというものだ。

これこそがガンディーの真骨頂だった。

まず、ヒンドゥーの理想を説き、その多大な影響力で民衆を立ち上がらせて反英運動を行なう。だが、それがイギリスにとって致命的な水準にまで高まってしまうと武力で反撃される畏れがあるため、ある程度の段階で妥協案を出し、運動を収束させる。

宗教家と政治家という二枚看板を巧みに使い分けた、彼ならではの戦い方である。

しかし、チャンドラ・ボースを筆頭とする急進派は20世紀初頭から台頭した社会主義の

1938年のインド国民会議大会で撮影。このときチャンドラ・ボースは議長に就任していた。

影響を受けた者が多く、イギリス傘下の自治ではなく、完全独立を目指していた。

どちらが正しいのか、おそらく正解はない。ガンディーの方法は決定力に欠けたかもしれないが、民衆の犠牲を最小限にしつつ、徐々にイギリスの支配を緩めることに成功している。だが、それによって独立できる保障はなく、武力闘争を志したチャンドラ・ボースの姿勢も否定できない。

ひとつ確かなことは、ガンディーは急進派を徹底的に妨害したことだ。

1938年、チャンドラ・ボースは国民会議の最高の席次である議長に就任していた。

国民会議の議長は党内の選挙で選ばれることになっていたが、選挙ではガンディーが推薦した人物に票を投じるのが慣習だった。ガンディーは影響力を強めるチャンドラ・ボースを警戒し、議長の椅子を与えて抱き込もうとしたのだ。すると、チャンドラ・ボースは議長の続投を表明し、次の議長選挙でガンディーが推した候補に大差をつけ、当選してしまうのである。

これがガンディーの強い敵意を呼び起こした。

ガンディーは「私が確固たる方針や政策を代表していないなら、私はものの数ではないので、代議士諸氏はもはや私を相手にしないほうがいいことは明白である」と含みのある声明を出した。

つまり、自分につくか、チャンドラ・ボースにつくかを選べ、ということだ。

公正な選挙の結果であるにもかかわらず、この声明によって国民会議の執行役員がひとりを除いて全員辞任したというから、その影響力は神懸かりというしかない。そして、有名無実の議長と化したチャンドラ・ボースは辞任を余儀なくされたのである。

こうしてガンディーとの決別が決定的になったチャンドラ・ボースは独自路線での闘争を開始するが、1940年7月に破壊活動の未遂容疑で逮捕される。

もはや国内に活路はない。そう判断したチャンドラ・ボースは脱獄し、まずソ連を目指したのだった。

◆イギリスの「敵」を求めて

チャンドラ・ボースは「敵の敵は味方」と考えていた。

ヒトラー（右）と面会するチャンドラ・ボース（中央）。1941年から1942年にかけての撮影。

彼が脱獄したとき、すでに第二次世界大戦が始まっており、イギリスの最大の敵といえばドイツだった。ソ連はドイツと「独ソ不可侵条約」を結んでいたためドイツ陣営として参戦しており、その地でインド解放軍を組織するつもりだったのだ。

ならばドイツでもよかったのではないか、という疑問が生まれるが、ソ連を選んだのは地理的に近いこと、彼が社会主義の影響を受けていたこと、そしてそれ以上にドイツ、イタリア、日本の枢軸国をイギリス以上に危険視していたためともいわれる。

しかし、ソ連はチャンドラ・ボースの受け入れを拒否し、最終的にドイツに流れ着いてしまったのだから運命というものは皮肉である。そして彼はドイツでも不遇な扱いを受けてしまうのだ。

チャンドラ・ボースのドイツ滞在は１９４１年４月からの約２年間にわたるが、その間、ある程度の保護はされたものの、インド独立に関する協力の要請はほぼ無視された。

イギリスに対して徹底的な攻撃を加えていたドイツだが、１９４１年12月の時点までは講和も選択肢にいれており、チャンドラ・ボースに手を貸せば、その道が閉ざされるという打算があったためとされる。

さらにいえばドイツの指導者ヒトラーは、人種差別的な見地から「インドは他の国に支配されるよりは、イギリスに支配される方が好ましい」などと書いており、チャンドラ・ボースをまったく信用していなかったのだ。

つまり、決死の覚悟でインドを脱出したチャンドラ・ボースは、遠い異国で完全に進退窮まってしまったのである。

そんな彼に転機が訪れたのは１９４１年12月８日。その日飛び込んできたニュースを耳にして彼は「目が醒める思いだった」と語っている。

日本がアメリカとイギリスを相手に戦争を始めたのだ。

そしてチャンドラ・ボースはベルリンの日本大使館に駆け込んでいったのである。

※１ 全インド・ムスリム連盟
１９０６年に親英的な政治家アーガー・ハーン３世を総裁として結成された政治組織。当初はイスラム教徒の権利を保護することを目的としていたが、後に自治政府の樹立を目的に掲げ、反英独立闘争を開始。第二次世界大戦後、インド領内のイスラム教徒が多い地域をインドから分離独立する形で、１９４７年にパキスタンを建国した。

3 日本軍の特務機関が作りあげたインド人の軍隊とは？

【F機関とインド国民軍】

◆インド工作を行なった日本軍の特務機関

チャンドラ・ボースがドイツで立ち往生していた頃、東南アジアでもインド独立に関係する重大な事件が起ころうとしていた。

太平洋戦争が現実味を帯び始めた1941年、イギリスはマレー半島の防衛のために現地の軍備増強に着手し、開戦の時点で約8万8000の兵力が集結することになる。

これはマレー半島への侵攻を計画していた日本軍にとって大きな壁だったが、イギリス軍もひとつの問題を抱えていた。

約8万8000のイギリス軍のうち、3万7000を占めるインド兵の士気が極めて低かったのだ。というのも、インド本国での独立運動の高まりはマレー半島にも波及し、イギリスに対して反乱のムードが高まっていたためである。

１９４１年7月、そこに目をつけた日本軍はインド独立を支援し、インド兵に投降を呼びかけることでイギリス軍を内部から崩壊させる作戦を立てる。そしてそれを実行する特務機関として、陸軍の[※1]藤原岩市少佐を長とするF機関を設立したのである。

だが、問題は山積みだった。

そもそも現地とのパイプがない。それ以上に、当時のインド人が抱いていた日本のイメージは「侵略者」であり、いくら独立を支援すると訴えたところで信頼を得られる保障はなかった。

実際、藤原少佐は作戦開始直前の段階で「具体的な方策はまだ何もない」と語っており、作戦費用として当時の金額で[※2]25万円がわたされたが、それが予算として多いのか少ないのかも見当がつかない有り様だった。

藤原岩市

不安要素しかないような状況だったが、ともかくF機関の面々は１９４１年9月末ごろからタイの首都バンコクに潜入を開始するのである。

◆藤原少佐の切り札とは？

東南アジアで唯一独立を保っていたタイは列強間の緩

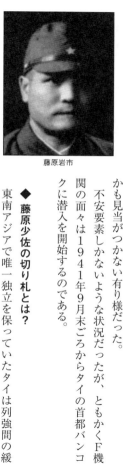

インド独立連盟フィリピン代表。（出典：上智大学『アジア学　第19号』2001）

衝地帯になっており、バンコクは連合国や枢軸国のスパイや、アジアの独立運動家が水面下で暗躍する土地だった。

そこに「インド独立連盟」というインド人の秘密結社があった。指導者の名はプリタムシン。彼はチャンドラ・ボースに賛同する急進派で、武力闘争によるインド独立を目指していた。

さらに重要なのが、インド独立連盟はシーク教徒の集団だったことだ。イギリス軍のインド兵はシーク教徒が多く、インド独立連盟ならば高い影響力が期待できた。

プリタムシンも武力闘争のためのパートナーを求めており、1941年10月10日、プリタムシンと藤原少佐の面会が実現。結果的にプリタムシンは藤原少佐を信頼し、F機関とインド独立連盟の共同戦線が成立する。

だが先述の通り、インド人の日本に対する不信感はかなり強く、それはプリタムシンも同様だった。藤原少佐はどんな方法で説得したのだろう。

それは驚くほどシンプルだ。彼は戦後の自著でこう書いている。

「彼ら（インド独立連盟）の民族的念願を心から尊重し慕愛と誠心をもって臨み、その心を掴む」

つまり、バカ正直に大東亜共栄圏の理想とインド独立に協力する熱意を訴えたのである。

謀略を任務とする特務機関の長とは思えない行動だが、意外にもこれがプリタムシンの心を打った。プリタムシン自身、理想主義的なところがある情熱家で、藤原少佐の真摯な態度に何か通じ合うところを見出したのかもしれない。

彼らは会談を重ね、インド独立連盟は日本軍の戦闘に同行し、イギリス軍のインド人に投降と独立運動への参加を呼びかけること、日本軍はインド独立連盟を護衛し、インド人の独立運動に協力することが決まった。

こうして協力関係を構築した後、インド独立連盟とF機関は、１９４１年12月10日、バンコクを飛び立ち、日

イギリス軍のインド兵。1941年12月に撮影

本軍が集結する南タイのシンゴラへ向かった。そして東南アジアにおけるイギリスの本拠地シンガポールへ向けたマレー作戦（146ページ参照）が始まったのである。

◆インド国民軍の結成

インド独立連盟とF機関の工作は、どれほどの成果を挙げたのだろう。

結論から述べると、日本が期待していたイギリス軍の戦力を削ぐという点についてはそこまで成果は上がらなかった。先行した日本軍の進軍速度が速すぎたため、イギリス軍は敗走を続けており、投降を呼びかけるタイミングがほとんどなかったからだ。

しかし、戦場には逃げ遅れたインド兵が少なからず存在しており、インド独立連盟のメンバーが彼らを説得して投降させていく。投降者はじわじわと増えていった。

プリタムシンと藤原少佐は確かな手応えを感じていたが、作戦開始からしばらくするとある問題が発生した。

投降者の保護や、食事や宿舎の提供などはF機関が担当していたが、投降者が増えるにつれて処理しきれなくなってきたのだ。さらに日本軍が通過したあとは現地のマレー人などによる華僑への略奪行為が横行しており、都市の治安を回復する必要があった。F機関の人員はたったの20人前後で、とても手が回らない。

そこで、またもや藤原少佐は驚くような行動をとった。

投降してきたばかりのモハンシン大尉[※3]という人物に都市の警備を依頼し、棍棒や手錠程度のものだったが、武器も与えたのである。

これはあまりにも軽率な行為に見える。いくら日本がインド独立に協力するつもりでも、投降者がすぐ味方になるわけではない。実質的には捕虜のようなもので、インド独立連盟に対してはまだしも、日本に対する不信感は根強かった。

しかし、モハンシン大尉は藤原少佐の誠意に応え、70～80人の部下を指揮して治安を完全に回復した。それも、日本軍の監視がない状況でである。

この一件には日本軍もほかのインド兵も驚き、両者の間に信頼感が生まれていくきっかけになるのだが、藤原少佐が次にとった行動はさらに大胆なものだった。

モハンシン大尉に、彼を指揮官とするインド人の義勇軍の編成を打診したのだ。

これには多くのメリットがあった。義勇軍の存在はまだイギリス陣営にいるインド兵に格好のアピールになる。また、F機関の処理能力が限界を迎えている以上、投降インド兵の受け皿となる組織は必要不可欠だ。

モハンシン大尉は当初困惑した。都市の警備を任されるのとは次元が違う。イギリスを完全に敵に回すことになるし、武力闘争をよしとしないインド本国の国民会議と軋轢が生

藤原少佐(左)と握手するモハンシン大尉。1942年４月に撮影

じるかもしれない。そんな考えが頭をよぎった。

だが、最終的にモハンシン大尉の背中を押したのは、それまで無条件で彼を信頼した藤原少佐の存在だった。

藤原少佐とＦ機関のメンバーは、投降したインド兵と寝食をともにし、階級の別け隔てなく彼らに接していた。これは差別的な扱いを受けることが多かったイギリス軍時代には想像もできないことで、インド兵たちは確固たる信頼感を抱き始めていたのだ。

そして１９４１年12月31日、モハンシンを司令官とするインド国民軍が誕生したのである。

◆インド兵たちが抱いた葛藤とは？

１９４２年２月15日、シンガポールが陥落し、マレー作戦が終了すると投降インド兵は約６万人にも達し、そのうち５人に１人がインド国民軍に参加することになる。

これは戦争史上まれに見る事態といわれる。

投降とは本来、極めて大きな恐怖を伴う行為だ。それまで殺し合いをしていた相手に身を委ねるわけだから、国際法上は捕虜の殺害が禁止されていたとしても、殺されない保障はどこにもない。しかも、相手はインド人にとって「悪者」の日本なのだ。

日本軍とインド国民軍の混成部隊。1944年に撮影

さらにその状態から、相手が用意した義勇軍に参加するなど普通は考えられないことである。イギリスを敵に回し、それまで約束されていた生活を手放すことになる。インド本国に残してきた家族にもどのような被害がおよぶかもわからない。そんなリスクを冒すくらいなら、捕虜として収監されたほうがマシと誰もが考えるだろう。

そのような不安定な状況下で義勇軍に参加したインド兵たちの最大の動機は、祖国の独立と解放への悲願に違いない。

だが、日本という「悪者」に対する不信感が払拭された要因は何だったのだろう。

実はこれはイギリスも頭を悩ませた問題で、戦後になって藤原少佐を尋問し、インド国民軍を編成できた理由を尋ねている。藤原少佐は自分でもその理由がわからないと答えた。そして、「とにかく自分は誠意を持って彼らに接したんだ」と語ったという。

戦争という極限状態において、誠意や信頼という言葉は一見空虚なものに思える。しかし、それを愚直に貫き通した藤原少佐は、確かに事実としてプリタムシンという同士を得て、モハンシン大尉の信頼を勝ち取り、やがてはインド国民軍が誕生するに至った。「誠意の連鎖」。インド国民軍誕生の理由は意外とそんなものなのかもしれない。

※1　藤原岩市（1908年3月1日～1986年2月24日）
最終階級は中佐。戦後、陸上自衛隊では陸将を務める。1939年に参謀本部入りし、F機関の長として東南アジアにおけるインド人工作を指揮した。シンガポール陥落後、藤原はインド人工作の任務から離れることになり、その頃から日本軍とインド国民軍の間でトラブルが増え始める。後年、自分が任務を継続していれば日本軍とインド人の関係を円滑に保てたのではないかと後悔したという。

※3　25万円
1941年当時の米俵1俵（米60キロ）の値段は16・5円。品種や地域によって値段がさまざまだが、2014年の米俵1俵分の米価は7000円～1万2000円程度であることが多い。あくまで目安だが、当時の25万円は現在の1億円近くの価値があったと考えられる。

※3　モハンシン（1909年～1989年）
イギリス軍時代は一大尉だったが、インド国民軍が創設されると司令官に就任。作戦後、日本軍や在日インド人運動家と意見が衝突し、幽閉されることに。戦後は国会議員を務めた。

4 【チャンドラ・ボース来日】チャンドラ・ボースと日本、共闘の舞台裏

◆枢軸国にも存在した勝機

第二次世界大戦を振り返ると、枢軸国側は連合国の圧倒的な物量の前に、負けるべくして負けたという感がある。だが、そこには選択次第で絶望的な敗戦を避けられるどころか、勝利できた可能性を秘めた「転換点」がいくつかあった。

オックスフォード大学の歴史学者ミラン・ホーナーは、第二次世界大戦をこう分析する。

「もし、1940年から1942年、すなわち、日・独・伊枢軸国側が軍事上、圧倒的に優勢にあった時、反英戦略の一環として対インド戦略が合同して計画、実行されていたなら、インドに民族解放の蜂起が起こり、イギリスはインドから撤退を余儀なくされ、連合軍側は計り知れない大きな打撃を受けたであろう」

これはあながち極論ではない。元イタリア公使のアルベルト・カローニやインド東部の

ビハリ・ボース

防衛を担っていたイギリス第15軍団司令官スリム中将なども同様の発言をしている。

そしてこの展開は、チャンドラ・ボースが思い描いていたものと非常に近かった。

1940年から1942年といえば、チャンドラ・ボースがドイツでインドへの侵攻作戦を計画していた時期と合致している。だからこそ、ドイツで冷遇されたチャンドラ・ボースはもどかしさに苛まれており、日本の参戦の報せを聞いて喜び勇んだのだ。では、チャンドラ・ボースから共闘を打診された日本はどんな対応をとったのだろう。

実は日本も彼と手を組むことに乗り気ではなかった。

チャンドラ・ボースと手を組むメリットは、インド人に多大な影響力を持つ指導者を手に入れられることだ。

しかし、当時の日本にはラス・ビハリ・ボース[※1]というインド人革命家がおり、軍部と緊密な関係を築いていた。指導者が必要ならば素性がよくわからないチャンドラ・ボースよりも、扱い易いビハリ・ボースで十分。そんな思惑が日本にはあったのだ。ここではそんな日本とチャンドラ・ボースが、なぜ手を組むことになったのかを見ていこう。

◆東南アジアのインド人と在日インド人の確執

マレー作戦の終了後、日本軍はひとつの決断を迫られていた。

インド独立連盟とインド国民軍をどう扱うか、である。というのも、日本軍はインド独立に協力すると約束していたものの、具体的なプランは何も用意していなかったのだ。

そこで、プリタムシンやモハンシンが東京に招かれ、今後の方針を決める会議が行なわれることになったのだが、これを契機に彼らの運命は大きく狂っていく。

まず、東京への道中でプリタムシンが飛行機事故で命を落とした。別の飛行機だったモハンシンは無事に東京に辿り着いたが、そこでも苦難が待っていた。

会議にはモハンシンらと藤原少佐などの日本軍人のほかに、ビハリ・ボースやアイヤッパン・M・ナイルなどの在日インド人革命家が出席していた。※2

ここで状況を整理しておくと、当時の日本の周囲にはインド独立連盟とインド国民軍、そして在日インド人という3つの勢力が存在したことになる。インド独立連盟とインド国民軍は対等な協力関係にあったが、在日インド人は彼らにとってまったくの新顔だ。

いざ会議を始めてみると、インド独立連盟とインド国民軍の「東南アジア組」とビハリ・ボース率いる「在日組」の確執が浮き彫りになった。

戦場をくぐり抜けてきた「東南アジア組」からすれば、「在日組」は長らく日本の庇護の下でぬくぬくとしていた頼りない存在で、日本の傀儡なのではないかという不安もあった。「在日組」からすれば、「東南アジア組」はつい最近までイギリス軍だった者が多く、信用のならない存在だった。

つまり、どちらが独立闘争の主導権を握るかで派閥争い[※3]が起きたのである。紆余曲折を経て、最終的に主導権を握ったのはビハリ・ボースだった。

「東南アジア組」と「在日組」はインド独立連盟へと統合され、ビハリ・ボースが総裁に就任。では、インド国民軍はどうなったのかというと、インド独立連盟の下部組織という形になり、モハンシンが司令官に就任した。

些細な変化に見えるが、これは「東南アジア組」が「在日組」の下になったことを意味する。これにモハンシンは大きな不満を抱いた。自分が積み上げたものを横取りされた気分だったに違いない。とはいえ、インドの独立闘争が順調に進むのであれば、彼も協力を惜しまなかったことだろう。

だが、そうはならなかった。

モハンシンはインド国民軍を増強し、すぐにでもインドへ攻め込むべきと訴えたが、ビハリ・ボースはのらりくらりと対応を先延ばしした。そればかりか日本軍はマレー作戦で出たインド投降兵の一部を、労務者として南方に送り込み始めたのだ。

◆揺れるインド国民軍

「インド独立に協力する」という藤原少佐の約束は嘘だったのかと思われたかもしれない。実はマレー作戦終了後、日本軍の内部でも大きな変化が起きていた。

それまで、日本軍にとってのインド工作は数ある謀略のひとつに過ぎず、重要度はそれほど高くなかった。これは発足時のF機関の人員が数人だったことからも明らかだ。

しかし、大量のインド人投降兵が出たことで本腰を入れる必要に迫られ、F機関を解散し、岩畔機関という新組織がつくられた。機関長は陸軍の岩畔豪雄大佐[※4]。陸軍・海軍・外務省から人材が集められ、250人前後にもなる大所帯だ。

「東南アジア組」を冷遇しようものなら藤原少佐がストップをかけたはずだが、彼はすでに口を出せる立場ではなかったのである。

それにしても、なぜ日本軍は手のひらを返すようなことをしたのか。

実際のところ、岩畔機関設立後もインド独立に協力するという日本の方針は変わっていなかった。だが、モハンシンが提案していたインド侵攻は時期尚早と考えていた。

組織というものは大規模になればなるほど対応が「お役所的」になりがちだ。友情と信

ドイツから東京へ移動する潜水艦で撮影されたもの。最前列のメガネを掛けた人物がチャンドラ・ボース。1943年5月6日に撮影。

頼によって結びついていたF機関とは異なり、岩畔機関はモハンシンの立場や心情に配慮する義理などなかった。だからこそ、もとから日本とつながりが深く、言いなりになるビハリ・ボースを優遇したのである。

これは太平洋戦争で何度も繰り返された出来事だ。アジアに派遣された日本軍人が現地の指導者と信頼を築き、一定の成果を挙げる。しかし、後から軍上層部が介入し、信頼を裏切る。結局のところ、日本は太平洋戦争の遂行、アジアの人々は独立という目的の違いが最終的にぶつかり合い、対立を生んでしまうのだ。

モハンシンと日本軍も決裂してしまう。1942年12月、日本軍は日に日に反抗的になるモハンシンを危険視し、逮捕・投獄した。

だが、これが新たな問題をつくった。

もともと寄せ集めの軍隊であるインド国民軍は、モハンシンの求心力で結束していたところが大きかった。さらに、自分たちが冷遇されることに不満を募らせていたという事情がある。そんな状況で司令官の突然の解任。軍内部には動揺が広がり、空中分解の危機を迎えてしまうのである。

「東南アジア組」から〝日本の傀儡〟と思われていたビハリ・ボースでは、この事態を収束させることは難しかった。つまり、より強い求心力をもつ指導者が必要になったのだ。

こうして日本軍はチャンドラ・ボースを招き入れることを決めたのである。[※5]

チャンドラ・ボースが東京にたどり着いたのは1943年5月。しかし、この時点ですでに枢軸国の優位は崩れ、第二次世界大戦に勝利できたかもしれない「転換点」は過去になっていた。

のちに藤原少佐は、チャンドラ・ボースの到着が7ヶ月早ければ歴史は変わっていたかもしれないと嘆いたという。

※1　ラス・ビハリ・ボース（1886年3月15日〜1945年1月21日）
戦前の日本におけるインド独立運動の中心的人物。チャンドラ・ボースと同姓だが、縁戚関係はない。インド国民会議の独立運動家だったが、総督暗殺未遂事件を起こし、1914年に日本へ亡命。イギリスの要請で日本は国外退去命令を出すが、犬養毅などの保護を受け、潜伏を続けた。1918年に日本人女性と結婚し、1923年に日本に帰化した。インド独立を目にすることなく1945年1月21日に病死。日本に本格的なインドカレーを伝えた人物とされる。

※2 アイヤッパン・M・ナイル（1905年～1990年4月22日）
ビハリ・ボースの腹心として活躍した。1928年に日本の京都帝国大学に留学したことを契機にビハリ・ボースを訪ね、以来、日本国内でのインド独立運動を行なう。戦後も日本に留まり、駐日インド大使顧問、実業家、在日インド人教会の代表などを務め、日本でのインド文化普及に尽力した。

※3 派閥争い
「東南アジア組」と「在日組」の顔合わせの際には、政治力に長け、両者から信頼を集めるプリタムシンが仲介役になるはずだった。ここにきて彼の死が大きな影響を生んだのである。

※4 岩畔機関
F機関を発展改組した特務機関。インド人の独立の理想に共感し、ともに戦ったF機関と異なり、官僚組織的な色合いが強く、インド国民軍との軋轢を生むことになる。モハンシン大尉との衝突が表面化した後、その責任を取る形で解散し、1943年3月25日、光機関へと改組された。

※5
この決定に対し、ビハリ・ボースは自身が高齢なこと、チャンドラ・ボースのインド国民に対する影響力の大きさを理解していたため、身を引いたとされる。

5

【インパール作戦とインド独立】

「太平洋戦争でもっとも愚かな作戦」がインド独立をもたらした？

◆10万人中、約7万人が死傷

チャンドラ・ボースが夢見ていたインド侵攻作戦が実行に移されたのは1944年3月のことだった。

その名は「インパール作戦」。

インパールはインド東北部の都市で、イギリス軍の重要な拠点のひとつ。作戦の骨子は、ここを攻め落とすことでインドの独立勢力を刺激し、イギリスの弱体化を図ろうというものだ。[※1]

だが、この作戦にはもうひとつの不名誉な名がある。

「太平洋戦争でもっとも愚かな作戦」だ。

確かに、その詳細を知れば知るほど「なぜこんなものが実際に行なわれてしまったのか」

ゾウに乗って進軍する日本兵

インパール作戦の進撃ルート

と思わずにいられない。

戦争においても、もっとも重要なものは豊富な兵力でも強力な兵器でもない。食糧や弾丸などの「補給」をどのように確立するかだ。いかに精強な兵士であっても、飢えていたり、武器がなかったりしたら戦うことはできない。

しかしながら、インパール作戦はこの補給という概念が完全に疎かにされていた。

インパールは険しい山脈やジャングルに阻まれた天然の要塞。いざ進撃を始めてしまえば補給は困難だったにもかかわらず、インパール攻略に必要な日数が2週間と見積もられると、兵士たちには2週間分の食糧しか与えられなかった。

もちろん、こうした兵站の脆弱さは事前に多くの軍人から問題視されていたが、作戦の発案者である※2牟田口廉也《むたぐちれんや》陸軍中将は「普通の頭では理解できないだろうが戦局を一気に挽回するためには、ありきたりのやり方ではだめだ」と一蹴。「食糧に困ったら荷物を運ばせる牛や馬を食べればいい」「敵と遭遇しても空に向けて銃を3発撃てば、敵は降伏する約束になっている」などと信じられないような理屈で作戦を強行してしまう。

当然、その認識は甘すぎた。

イギリス軍の反攻は強力で、兵士たちはインパールに辿りつけないまま2週間は過ぎ去った。

食糧にする予定だった家畜は空爆に驚いて逃げたり、川に流されたりしてほぼ全滅。本部に食糧の補給を要請しても「現地調達せよ」というばかりで、戦場には飢餓が蔓延してしまう。

牟田口廉也

もはや勝機がないことは明らかだが、作戦失敗の責任を背負うことを恐れた牟田口中将は退却命令を引き伸ばし、結局、退却命令が出されたのは作戦開始から4ヶ月後のこと。だが、本当の地獄が始まるのはここからだ。

奥深いジャングルで孤立した兵士たちは徒歩で安全圏を目指したが、イギリス軍の追撃、飢餓、マラリヤや赤痢などの病によって次々と命を落としていく。

そして作戦に参加した約10万人の兵士のうち、約3万人が戦死、負傷・戦病者は約4万人にものぼるという歴史的な大敗を喫したのである。

このような経緯で多くの兵士の命を無駄にし、擁護のしようのない完全な愚策とされるインパール作戦。だが、それは日本から見た価値観だ。

インド側から見ると、この作戦はイギリスからの独立の大きな転機になったのである。

◆インパール作戦にはインド国民軍も参加していた

インパール作戦から遡ること、約10ヶ月前。

日本に辿り着いたチャンドラ・ボースはインド独立連盟の総裁に就任し、猛烈な勢いでインド国民軍の増強にとりかかっていた。

この時期、米英は反撃の体勢を整えており、インドにも鉄壁の防備が築かれつつあった。チャンドラ・ボースはそれを正確に見抜いており、一刻も早いインド侵攻作戦の必要性を日本軍に訴えていた。

しかしながら、日本軍は相変わらず消極的だった。

そもそもインドは大東亜共栄圏の構想に含まれていなかったうえ、ミッドウェー海戦以降、悪化する太平洋の戦線で手がいっぱいで、新たな東南アジアでの大規模な軍事行動は難しいという意見が多数派だった。

また、インド国民軍の扱いも問題となった。

チャンドラ・ボースは日本軍に対し、「インド国民軍を日本軍の補助部隊ではなく、独立した軍隊として扱ってほしい」と希望していた。

だが、インド国民軍はイギリス軍時代の兵器を流用していて日本側の補給を受けられないなど、装備や練度にまだまだ問題が残されていた。いわば烏合の衆であり、独立した軍隊として作戦の一方面を任せるには危険すぎたのだ。

インド国民軍を閲兵するチャンドラ・ボース。（引用：山崎雅弘『侵略か、解放か!?世界は「太平洋戦争」とどう向き合ったか』学研マーケティング　2012）

ここにインパール作戦の構想が浮かび上がってくることで状況が変わる。

インド侵攻という点で日本とチャンドラ・ボースの利害が一致し、日本軍とインド国民軍合同での出撃が決定するのである。

実は、インパール作戦が危険視されながらも実行されてしまった理由のひとつにチャンドラ・ボースの存在があるといわれる。

一般によくいわれるのは、人並み外れた功名心をもつ牟田口中将が周囲の反対を押し切って強行したというもの。だが、ひとりの司令官の独断でこれほどの規模の作戦が行なえるものではない。

ここで重要なのは、日本の指導者が総じてチャンドラ・ボースの人柄に惚れ込んでいたということだ。

東條英機首相が彼を絶賛していたのは先述の通り。具体的にどのようなやりとりによってそうした感情を抱いたのかは定かではないが、日本の指導者はインド独立に命をかけるチャンドラ・ボースの願いをどうにか叶えてやりたい、と考えていた。

日本陸軍の河辺正三《かわべまさかず》中将は戦後にこんなことを言っている。

「いわばチャンドラ・ボースの壮図を見殺しにできぬ苦慮が正純な戦略的判断を混濁させたのである」

すなわち、作戦に無理があることはわかっていたが、チャンドラ・ボースの希望に応えたいという感情が日本軍の背中を押したといえるのだ。

インパール作戦に参加したインド国民軍兵士は約6000人にのぼるが、約1900人が命を落とし、約800人がイギリス軍に捕らえられ、約700人が行方不明になったとされる。

インパール作戦の中止がチャンドラ・ボースの耳に入った時、彼は「日本軍が作戦を中止してもインド国民軍は国境の戦場に留まります。たとえ全滅しても魂魄となって祖国への進撃を続けます」と訴え、撤退を頑なに拒んでいる。

しかし河辺中将から「一旦撤退しても必ず次の機会は来る」と説得され、渋々ながら軍の撤退を了承したという。

もちろん、「次の機会」は来なかった。

インパール作戦後、イギリス軍はビルマ方面への進撃を開始。日本軍とともにインド国民軍も反撃を試みたが、各地で総崩れになっていく。そして1945年8月15日、太平洋戦争の終結を迎えたのである。

◆インド独立へ

チャンドラ・ボースの独立闘争はこうして完全に失敗したかに見えた。

しかし、彼とインド国民軍の存在は、思わぬところで効果を発揮することになる。

日本降伏とともに、約2万人のインド国民軍の兵士がイギリスに降伏した。イギリス国王に反逆した彼らは、イギリスからすれば最大級の罪悪人。インド民衆への見せしめのため、公開形式の軍事法廷で裁かれることになった。

　これによってイギリスは致命的な墓穴を掘ってしまう。

　法廷に立つ被告の代表者としてインド国民軍の3人の将校が選ばれたのだが、彼らはそれぞれインドの3大宗教であるヒンドゥー教、イスラム教、シーク教を信仰していた。

　これは偶然ではなく、見せしめの効果を高めるために意図して選ばれたものだが、結果的に、宗教によって分裂していたインド民衆の団結心を高めることにつながったのだ。

　また、多くのインド民衆はイギリスの宣伝によってインド国民軍を日本の傀儡と思っていたが、公開裁判という形をとったことで、インド国民軍がいかに命を投げ出し、祖国のために戦ったかが明らかになったのである。

　民衆はかつてないほど奮い立った。そして、インド全土で空前の反乱が起きていく。

　都市はデモ行進で溢れ、労働者はストライキを決行し、イギリスの施設や公共機関への焼き討ちが頻発した。

　ガンディーの愛弟子であり、チャンドラ・ボースの武力闘争路線と対立していたネルー[※3]すら「反乱はインドの義務であり、もし自らを解放するために革命を行なう用意のない民族があるならば、それは死んだ民族である」という声明を出した。

　決定打となったのは軍人たちの反乱だ。1946年2月、全インド水兵たちが反乱を起こし、76隻もの艦艇を乗っ取った。これはすぐさま陸軍、空軍にも伝播し、イギリスの支配は風前の灯火になったのだ。

通常ならイギリスは本国から軍隊を送り込んで鎮圧することもできただろう。しかし、第二次世界大戦で疲弊しており、インド全土で激化する反乱を抑えこむ力は残されていなかった。

インド独立式典

また、植民地の独立に好意的だった労働党が与党になっていたことも追い風だった。

こうしてときのイギリス首相、アトリーはついにインド独立の方針を布告した。

１９４７年8月14日、一足先にインドのなかでイスラム教徒が多く居住する東西のふたつの地域が[※4]「パキスタン自治領」として独立。その翌日、残る大部分が[※5]インド連邦として独立し、独立国家としての歴史を歩み始めたのである。

最後に、ガンディーとチャンドラ・ボースがどんな運命を辿ったかを記しておきたい。

ガンディーは1948年1月30日に暗殺された。

インド独立の念願は果たされたが、それはパキスタンが分裂するという、彼が夢見ていた形ではなかった。彼はあくまで、すべてのインド人が暮らす単一の独立国家を目指していた。

独立後もヒンドゥー教徒とイスラム教徒の和解を説いていたが、これを危険視した急進的なヒンドゥー原理主義者が凶弾を放ったのだ。

しかし、望んだ形ではなかったとはいえ、インドの独立を目の当たりにできたのは幸福だったのかもしれない。チャンドラ・ボースにはその機会すらなかった。

彼は日本の敗戦後、再びソ連への亡命を計画し、その地で独立闘争を継続しようと考えていた。だが、飛行機が離陸に失敗して炎上。全身に大火傷を負い、1945年8月18日、治療の甲斐もなく息を引き取った。

ガンディーとチャンドラ・ボース。その手段は相反するものだったが、祖国を想う志は同じだった。現在のインドの国会議事堂のホールには初代首相のネルーとともに2人の肖像画がかけられ、インドの歩みを見守っている。

※１
ほかにも連合国から中国への物資供給ルート「援蒋ルート」の遮断も目的だった。インパールはビルマとインド間の要衝であり、援蒋ルートが存在し、ここを攻め落とせば中国軍を弱体化させられるという構想があった。

※２ 牟田口廉也（１８８８年10月7日～１９６６年８月２日）
日本陸軍軍人。最終階級は中将。日中戦争の火種となった盧溝橋事件やマレー作戦、インパール作戦など、重要な作戦を指揮した。牟田口中将がインパール作戦の構想に直接触れたのは、飯田祥二郎中将によって作戦内容への意見を求められた時だった。このとき、牟田口中将は飯田中将の個人的な質問だと思い「実行は難しい」と答えている。しかし、後に大本営からの指示であることを知り、積極的に作戦準備に取り掛かった。作戦自体が無謀であることは理解していたが、組織の方針には逆らえないという典型的な軍人の心理が働いていたと思われる。

※３ ジャワハルラール・ネルー（１８８９年11月14日～１９６４年５月27日）
独立インドの初代首相。イギリス植民地時代はインド国民会議の指導者のひとりとして活躍し、ガンディーの腹心として議長も務めた。日本に対しては日露戦争の勝利をアジアの独立の象徴として絶賛しているが、やがて朝鮮や台湾などを植民地化したことを激しく批判している。

※４ パキスタン自治領
パキスタンという国名は、インド西北の５つの州、パンジャブ（Ｐ）、アフガニア（Ａ）、カシミール（Ｋ）、シンド（Ｓ）、バルチスタン（ＴＡＮ）の名称の組み合わせで、「清浄な国」を意味する。独立後、パキスタンは20数年間、インドを挟んだ東西の飛び地として存在したが、１９７１年12月16日、東パキスタンが「バングラデシュ」として分離独立した。

※５ インド連邦
首相にはネルーが就任。インド連邦は１９５０年、共和制に移行し、現在の「インド共和国」となった。

第6章

タイ王国

〈戦前の呼称：タイ王国〉

Data of During the Pacific War

首都：バンコク
設立：13世紀※1
人口：1552万3000人※2
主な言語：タイ語
主な宗教：仏教

※1：タイ王国の歴史は13世紀に成立したスコータイ王朝に端を発するという考え方が主流のため、それに倣った。現王朝であるチャクリー王朝（別名ラッタナーコーシン王朝）が成立したのは1782年。
※2：History Database of the Global Environment (2006)を引用。

The present data

首都：バンコク
国土面積：51万3100km²
人口：6886万人（2016年）
主な言語：タイ語
主な宗教：仏教

1 なぜタイは欧米の植民地にならなかったのか
【太平洋戦争までのタイの歩み】

◆東南アジアで唯一独立を守り通したタイ

日本がなぜ太平洋戦争を始めたのか。その要因は無数にあるが、あえてひとつ挙げるとすれば、外交がとにかく下手だった、という点につきる。

とくにまずかったのが、中国北東部で満洲事変を起こし、1932年に満州国をつくったあとの対応だ。

領土を奪われた形になった中国の訴えを受けて、国際連盟はリットン調査団を満州国に派遣。その結果、「満州国は日本の傀儡国家であり、正当性は認められない」という報告がなされた。

この報告が国際連盟の決議にかけられると、賛成42票、棄権1票、反対1票（日本）という圧倒的大差で満州国は世界中から否定された。

実際のところ、この決議は満州における日本の権益を認めるなど、やや寛容な側面もあったのだが、満州国を手に入れたことで沸き立つ[※1]国内世論に背中を押され、日本は国際連盟を脱退してしまう。これを境に日本は急速に国際社会での孤立を深め、無謀な戦争に着手していったのである。

リットン調査団。写真は柳条湖付近の満州鉄道の線路を調査する調査団。

　まさしく日本にとって運命の分かれ道となった満州国の国連決議だが、気になるのが、ほぼすべての国が満州国を否定する票を投じるなか、唯一棄権した国の存在である。

　この国こそタイ王国（以下タイ）なのだ。19世紀ごろから太平洋戦争の終焉まで、タイという国は見れば見るほど異彩を放つ。

　この時期の東南アジアの国々はほとんどが欧米の植民地にされていたが、タイだけは唯一独立を守っていた。

　弱肉強食の時代にあって、それだけでも驚くべきことだが、太平洋戦争が始まるとタイは日本の同盟国として英米に宣戦布告。にもかかわらず、戦争が終結してみれば実質的には戦勝国側に名を連ねるという、極めて特異な立ち振る舞いを見せるのだ。

人類史上最大規模の戦争が起きた激動の時代に、ある意味でもっとも器用に立ちまわったといわれるタイ。この章ではそうした経緯から「外交の天才」とも呼ばれたこの国が欧米列強と、太平洋戦争と、そして日本とどのように関わっていったかを追っていく。

◆タイと日本の類似点

まず手始めに、なぜタイは独立を守れたのかという点について見てみたい。これは太平洋戦争期の日本との関係性を語る上でも欠かせない問題だ。

タイのルーツは13世紀にまでさかのぼる。

それまで、現在のタイが位置する地域にはミャンマーの主要民族のひとつであるモン族やカンボジアの主要民族であるクメール族などが暮らしていた。そこへ中国南部に暮らしていたタイ族が流入し、１２３８年にスコータイ王朝を建国したことがタイ王国の歴史の始まりである。

その後、王家はアユタヤ王朝、トンブリー王朝と変遷し、現在も続くラッタナコーシン王朝が誕生するのが１７８２年のこと。ちょうど西洋列強が植民地を求めて東南アジアで勢力を拡大しつつあった時期だった。

１８００年代に入った頃から、タイ（１９３９年までの国名はシャム）と西洋列強との接触が本格化し始める。特筆すべきは１８５５年にイギリスと結ばれたバウリング条約だろう。

これはタイ国内でのイギリスの治外法権や、全港での交易権、船幅税《せんぷくぜい》の廃止などを柱とした不平等条約だ。

もちろんタイからすれば受け入れがたい条件だったが、当時のイギリスはアヘン戦争で中国を破り、英緬戦争でビルマを支配下に収めつつあり、断れば侵略されるかもしれないという危惧から拒否することはできなかった。そしてこれを皮切りにして１８７０年までに、アメリカやフランスなど12カ国と同様の不平等条約を結ぶのである。

ここで補足しておきたいのは、イギリスと条約を結ぶまでタイの貿易は王室が独占しており、市場経済は世界経済とは切り離された状態だったということだ。

いわば「鎖国」の状態であり、不平等条約によってむりやり「開国」させられた、ともいえる。

武力を背景にした西洋の圧力、不平等条約、開国……。これらのキーワードから、ある国を連想できないだろうか。そう、この時期のタイが置かれていた状況は江戸時代から明治時代に至る日本とそっくりなのだ。

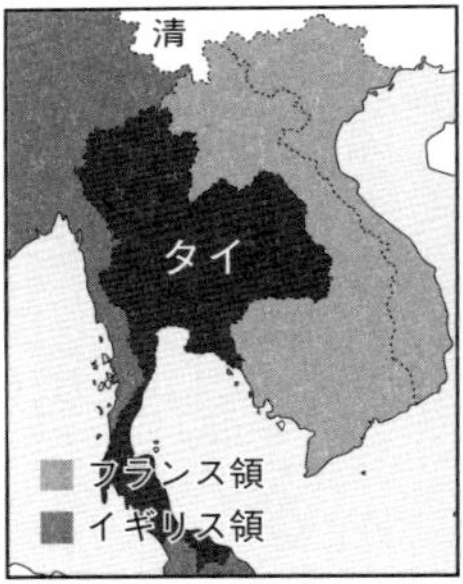

19世紀から20世紀にかけてのタイ周辺の勢力図。

さらに興味深いことに、その後の歴史にも奇妙な類似点が見られるのである。

◆東南アジアにもあった「東洋の奇跡」

独立は維持したものの、タイも西洋列強の進出に対して無傷でいられたわけではない。

不平等条約の締結以降、イギリス製の[※2]繊維製品などが大量に市場に流れ込み、タイは政治的には独立を維持していたが、経済はイギリスに牛耳られる形になった。

これはイギリスの常套手段のひとつだった。

植民地支配を行なうとなると政庁の設置や行政の施行など、なにかとコストがかかる。そのため最初は不平等条約を結び、外部から経済を支配することで利益をあげる。しかし、第三国の介入や民衆の反乱などによって旨味がなくなったと判断すると、直接的な領土支配に乗り出すのだ。実際、マレーシアはこのような形でイギリスの植民地になっている。

すなわち、この時期のタイは、イギリスの植民地化の第一段階にあったといえる。

さらにタイを悩ませたのはフランスによる領土の奪取である。

当時のタイはカンボジアやラオスを属国として支配していたが、1867年にはカンボジア、1893年にはラオスがフランスによって植民地化されてしまう。

とはいえ、不幸中の幸いというべきか、このフランスの進出がタイの転機となるのだ。フランスはさらにタイ全土も植民地にする野望を抱いていたが、ここで先に唾を付けていたイギリスとの利害の衝突が表面化するのである。

しかし、この時期のイギリスとフランスはアフリカでも植民地の争奪戦を繰り広げており、これ以上の緊張は避けたかった。その結果、1896年にタイを英仏両国の「緩衝地帯」として、独立させたままにする取り決めを交わしたのだった。

一般的に、タイが独立を維持できたのはこのときの緩衝地帯化のためといわれる。たしかにその影響は大きかったが、もうひとつ、無視できない要因がある。

1893年にはフランスがタイに軍艦を派遣し、バンコクの港を封鎖するパークナーム事件が発生。これによりタイはメコン川左岸をフランスに奪われることになる。イラストはイギリスの週刊ニュース誌パンチに掲載された風刺画。狼(フランス)が子羊(タイ)をメコン川を挟んで恫喝している。

そもそも緩衝地帯化された地域は、チャオプラヤー川流域という、広大なタイの領土からすればごく一部に過ぎなかった。それ以外の地域はいつ植民地にされてもおかしくなかったが、タイはある方法で領土の損失を最小限に抑えたのである。[※3]

当時のタイ王ラーマ5世は歴代屈指の賢君とされる人物だった。彼はシンガポールやインドなど、すでに植民地化されたアジアの国々を視察すると、欧米に対抗するには近代化が必要不可欠であることを痛感する。

そして、それまでのタイに存在した前時代的な6つの省庁を解体し、機能別に特化した12省庁へと再編する「中央集権化」、世襲制の領主が統治していた地方自治体を廃止し、県や郡を設置する「地方統治制度改革」、改革後の国家運営を担う官僚育成のための王立学校を設置する「教育制度改革」、近代的な軍隊をもつための「徴兵制の実施」などを矢継ぎ早に行なったのである。

日本史に詳しい方は、この一連の流れを見て驚いたかもしれない。

明治維新後の日本は、全国の藩を廃止して県を設置する「廃藩置県」、学校を整備する「学制」、国軍をもつための「徴兵制」などに力を注いだことで、「東洋の奇跡」といわれるほどの早さで欧米と並ぶほどの強国に成長できたとされる。タイもほとんど同じような近代化政策を行なっていたのだ。

その結果、タイは高い国際競争力を身につけ、東南アジアの大国として欧米列強の簒奪《さんだつ》を最小限に抑えることができたのである。

それにしても、国が独立を維持する、という現代からすれば当然のことを実現するために、英仏の事情、賢君の存在という偶然に近い要因が必要だったことに驚かされる。さらにいえば、ラーマ5世の性急な国家改革も、歴史ある王家を中心に国民が団結していたからこそ成し得た偉業だろう。

植民地主義が跋扈した19世紀から20世紀初頭とは、それほど苛烈な時代だったのである。

※1　国内世論
当時の日本国内は世界恐慌の影響によって農村は特に極貧の状態だった。満州国は物資の供給源という側面以上に、そうした貧しい農民の移民先として不可欠なものであり、日本国民は満州の獲得を歓迎していた。

※2　繊維製品
産業革命から20世紀初頭まで、繊維製品はイギリスの経済の屋台骨だった。イギリスは産業革命によって綿工業の機械化に成功し、大量生産による莫大な利益を背景に世界帝国への道をひた走っていった。

※3
首都のバンコクとその北部が緩衝地帯とされたが、メコン川流域の東北部とプラチュワップキーリーカン以南のマレー半島は除外されていた。

2 【タイと日本】「タイは日本の味方だった」は大きな誤解？

◆「外交の天才」の本領

植民地主義が吹き荒れた19世紀から20世紀前半において、圧倒的な軍事力や科学技術を誇った西洋列強。そこに真っ向から立ち向かったのではアジアやアフリカなどの後進国には勝ち目がないのは明らかだ。

けれど、もたざる者にはもたざる者の戦い方があるということは、これまで見てきた通りである。

東南アジアで唯一の独立国であり、軍隊をもっていたタイは、周囲の国々と比べれば強国といえたが、西洋列強の国力にはもちろん到底及ばなかった。それでもそのポジションを維持できた理由のひとつに、外交が極めて巧みだったことが挙げられる。

その最たる例が、１９１４年に勃発した第一次世界大戦に見られる。

この戦争が始まるとタイはすぐに中立を宣言するのだが、これは戦争に巻き込まれることを恐れたからではなかった。

むしろタイは積極的な参戦を望んでいた。そして戦勝国になることで、まだいくつか残されていた不平等条約を改正しようと考えていたのである。

第一次世界大戦終結時、フランス・パリで行進するタイの遠征軍。1919年に撮影。

問題はドイツを中心とする中央同盟国と、イギリスやフランスを中心とする連合国のどちらが勝つか、戦争勃発当初の段階では見通しがつかなかったことだ。

1917年4月、アメリカが連合国側として参戦したことによって連合国の勝利が濃厚になる。これを受けてはじめてタイもドイツに宣戦布告したのだ。

ここで注目したいのが、当時のタイとドイツの関係である。タイにはドイツと戦争をするほどの軋轢があったのだろうか。実を言うと、そんなものはなかった。

ドイツはタイを侵略する野心はおろか、タイの領土に接する植民地すらもっていなかった。一方で、経済や鉄道技術でのタイとドイツの結びつきは強く、タイ国民の対独感情はむしろ良好だったのである。その点では、たびたび干渉を受けてきたイギリスやフランスの方がまだ戦う理由があったといえる。

ともあれ、タイは1917年7月以降にヨーロッパ戦線に軍を派遣。戦争が終結するまでに日立った活躍はなかったものの、首尾よく戦勝国の仲間入りを果たし、不平等条約の撤廃にも成功したのである。

時勢を読みきり、最小の負担で最大の利益を得る外交。これがこの時代のタイの最大の特徴であり、日本と密接な関係を築く第二次世界大戦・太平洋戦争期にもそれは姿を現すことになる。

◆開戦前夜、タイ首相が失踪した理由とは？

満州国に反対する国連決議を棄権したこと、太平洋戦争時に日本と同盟を組んだことなどから、日本の味方だったと思われることが多いタイ。しかし、先述のタイの外交姿勢を知ると、果たして本当にそうだったのか疑問を抱かれたのではないだろうか。

その答えは、太平洋戦争の開幕前夜のタイ首相の行動に集約されている。

太平洋戦争開幕の1941年12月8日、日本軍は真珠湾攻撃とほぼ同時に、マレー半島のイギリス軍基地を攻撃する作戦を立てていた。基地はマレー半島の西側にあり、進軍のためにはタイ領内を通過しなくてはならなかった。

そこで開戦前夜の12月7日の夜、坪上貞二在タイ大使や駐在武官の田村浩大大佐などが、領内通過の許可や軍事協定の締結などを取り付けるため、タイ首相官邸を訪ねた。これほどギリギリに行動を起こしたのは、作戦の情報が事前に漏れるのを避けるためだ。

しかし、タイ首相のプレーク・ピブーンソンクラーム※3（以下、ピブーン）は〝たまたま〟カンボジア方面に視察に出ており、側近たちは首相が戻らないことには返答ができないと日本側の要請を跳ね除けた。

日本側は焦った。作戦の決行を遅れさせるわけにはいかない。しかし、完全武装の部隊を、無許可でタイ領内を通過させたのでは、タイとも戦争になりかねない。

プレーク・ピブーンソンクラーム

結局、日本軍は許可を得られないまま領内に侵入せざるを得なくなり、タイ軍や警察が応戦。タイ側183人、日本側141人の死者が出てしまう。

ピブーン首相が官邸に戻ったのは、8日未明。すでにタイと日本の戦闘は始まっており、事態を沈静化させる

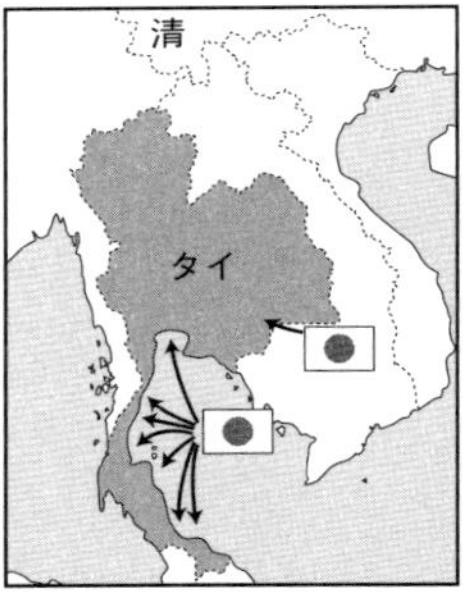

太平洋戦争開戦時のタイ方面に対する日本軍の進路。

ため、〝やむを得ず〟日本軍に通過の許可を出した、ということになっている。

結論から述べると、ピブーン首相が官邸を留守にしていたのは偶然でもなんでもない。戦争が目前に迫っていることを察知していた彼は、日本軍から領内通過の要求があることを読んでおり、あえて雲隠れしたという説が有力なのだ。

そうすれば日本軍は領内に侵入し、武力衝突が起きる。それを鎮めるためにやむを得ず通過を許可したという形にしておけば、アメリカやイギリスから日本に協力したのではないか、と追及されたときに弁明ができると考えたのである。

実際、ピブーンは第二次世界大戦が始まった2日後、「どちらについても何の利益もない。（中略）いまやわが国にはすべてが揃っている」と述べている。タイは第一次世界大戦のときと同じように、この戦争のときも中立を目指していたのである。

しかしながら、日本軍の領内通過を許可した約2週間後、タイは日本と日泰攻守同盟条約[※4]を結び、それまでの中立の立場から、枢軸国側に協力する方向へと傾いていく。

タイの公式の歴史では、日本との同盟と参戦は日本軍に強制されたものであり、戦時中のタイは日本軍に「占領」されていた、というのがタイ人の一般認識だ。

しかしながらピブーン首相には、いざ戦端が開いてしまった以上、領土拡大を求めて参戦した方がよいという思惑があったともいわれる。このようにして太平洋戦争におけるタイと日本の関係は始まったのである。

余談になるが、満州国の国連決議にしても、タイが棄権したのは別に日本を支持する意図があったからではなかった。[※5]

この時期、タイ国内ではクーデターによって、絶対王政から立憲君主制に移行する大改革が進行中で、非常に政情不安定な状況だった。そこでタイが恐れていたのは、混乱に乗じて諸外国が侵略に乗り出すことである。

こんな微妙な時期に、国連決議などリスクでしかなかった。賛成すれば日本を敵に回し、反対すれば西洋列強や中国を敵に回すことになるためだ。そこで荒波を立てないよう棄権した、ただそれだけの話なのだ。

※1 目立った活躍
タイ軍は1918年7月30日にフランスへ上陸し、現地で訓練を受けた後、終戦までの最後の24日間、陸上輸送任務を行なった。

※2 不平等条約の撤廃

これによりドイツとオーストリア、アメリカとの不平等条約は撤廃され、国際連盟の設立メンバーの地位を勝ち取った。しかし、タイとの条約改正に批判的だったイギリスやフランスとの不平等条約は継続。これが撤廃されたのはタイに立憲革命が起こり、憲法が整備された１９３５年の翌年のこと。これによってすべての不平等条約が撤廃された。

※３ プレーク・ピブーンソンクラーム（１８９７年7月14日～１９６４年6月11日）
タイの第3代、第11代首相。フランス留学の後に、人民党に入党し１９３２年にタイを絶対君主制から立憲君主制へ変革した「立憲革命」を起こした。１９３８年から首相を務め、日本と協調しながらタイの領土拡大を図るが、１９４４年失脚。しかし１９４８年に政界へ返り咲き、１９５７年まで強大な権力を振るった。晩年はクーデターにより失脚し、亡命。日本の神奈川県で生涯を終えた。

※４ 日泰攻守同盟条約
１９４１年12月21日に公布。この条約では日本またはタイが敵国と交戦する場合には、もう一方の国は同盟国として義務を果たすことが明記されていたが、タイに宣戦布告を求めるものではなかった。翌年１月25日、タイは連合軍による爆撃を批難する形で英米に対して宣戦布告を行なった。

※５
一方で日本は明らかにタイを「親日国」と捉えていた。国際連盟の満州国決議はもとより、その同年、タイ国内でクーデターが勃発した際、タイは日本に支援を要請しており、アジアで数少ない独立国という共通項もその心理に影響したと思われる。

3 【タイと日本の利害】タイが日本に求めたものとは？

◆日本と手を組むメリットとデメリット

ひとつの国の味方につくということは、同時に敵をつくることでもある。タイの場合、日本と同盟を組んだことでアメリカとイギリスを敵に回してしまった。

それでも同盟を組むのは、リスク以上のリターンを得られると見込んだからにほかならない。タイにとって、それは「失地回復」だった。

現在のタイの国土面積は約51万平方キロメートルと日本の約1・4倍だが、かつてはその倍程度の領域を支配下に置いていた。そうした[※1]広大な領土が19世紀以降のイギリスやフランスの干渉によって次々と奪われ、現在の形になったのだ。

タイの首相ピブーンは、かつての支配域を取り戻し、タイの領土を拡大しようという「大タイ主義」を掲げていた。

太平洋戦争に参戦を決意したときも、やむを得ず戦争に巻き込まれたというポーズはとっていたものの、実際はこれを契機にさらに領土を拡大しようという野心を抱いていたのである。その野心は早々に形になった。

ビルマ東部にあるシャン州[※2]という土地はタイ国境と接しており、古くからタイ族の一派であるシャン人の居住地だった。タイは1942年5月にこの土地へ進軍し、占領している。

とはいえ、日本と同盟を組んだ見返りはほとんどなかったといっていい。むしろ日本が徐々に劣勢になるにつれて、同盟国であるタイも共倒れの危険にさらされることになる。

◆タイのご機嫌をうかがった日本

こうして考えると、タイにとって日本は疫病神以外の何者でもなかったようだ。しかし、日本にとってタイという同盟国の存在は、太平洋戦争を戦うにあたって必要不可欠なものだった。

日本がタイに求めたものは無数にあるが、とくに重要なのが日本軍の後方基地としての役割である。イギリスが支配するビルマやマラヤ、フランスが支配するインドシナはタイと国境を接しており、日本軍はそれらの地域に進軍する際にタイからの補給に頼った。

タイ側も日本に協力すれば領土を広げられるという目論見から、タイ国内のイギリス企業から押収した木材や船舶を提供したり、日本内地や日本が占領した東南アジア諸地域へは大量の米を輸出したりしていた。

また、南機関やF機関といった東南アジア各地で独立運動工作を行なった特務機関も当初タイの首都バンコクを拠点にしており、日本軍が東南アジアで連戦連勝できたのはタイの存在があったからともいえるのである。

それを象徴するように、日本のタイへの外交姿勢は非常に腰が低かった。

同盟締結後に結ばれた「日泰共同作戦ニ関スル協定」では、タイの主権を尊重し、タイ国内での顕著な軍事行動は控えることが定められていたし、1942年6月には大本営から直々に「タイ国内の日本軍兵力は情勢に変化がない限り、最小限に抑えること」という命令が下されている。こうした事情を見ていくと、当時の日本がいかに〝孤独〟だったかが浮き彫りになって興味深い。

日本はドイツ、イタリアと日独伊三国同盟を結んでいたが、ドイツ・イタリアが主戦場にしたヨーロッパと、日本が主戦場にした環太平洋地域は地理的に離れすぎていたため、作戦上で協力しあうことはほぼ皆無だった。

タイ以外のアジアの同盟国としては満州国があったが、これは名実ともに日本の傀儡国家だったし、インドネシアやビルマなどは実質的な支配地だった。また、東南アジアのインド人独立勢力からなるインド国民軍とは共闘態勢をつくりあげたものの、インド本国はイギリスの植民地であり、敵国である。

こうしてみると、主権を確立した国家で実際に日本と協力関係を築いていたのはタイだけなのだ。日本が顔色を窺うのも頷ける。

しかし日本の意図がどうであれ、タイにとっては思い描いていたような見返りが得られなかったのは事実。日本軍への物資の提供や連合軍の空襲などにより、タイ社会への悪影響も無視できないほど大きくなり、タイの心は急速に日本から離れていった。

そして1942年12月、タイの民衆の不満が爆発するきっかけとなる事件が起きることになる。

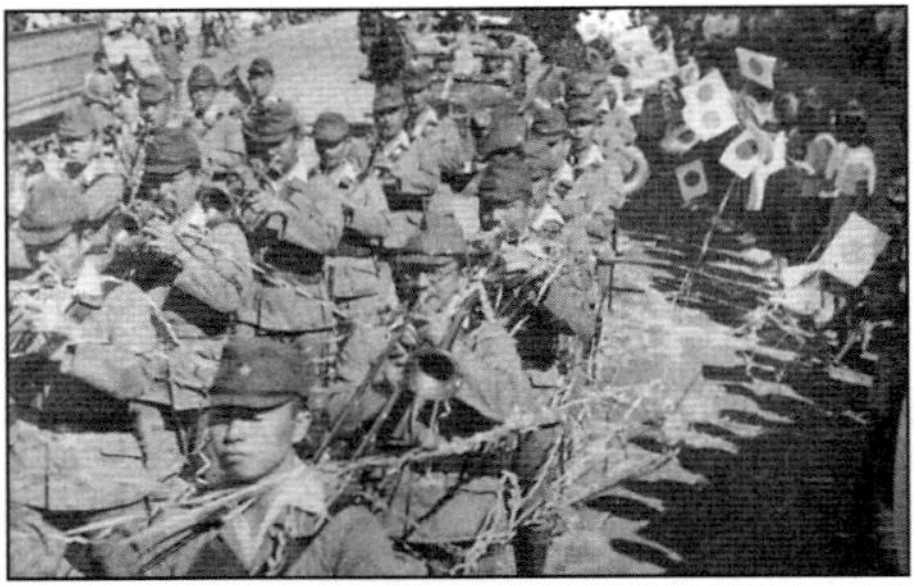

1942年末に行われた、日泰攻守同盟条約締結1周年を記念した市内行進の様子。バンコク市内を行進する日本兵に、タイ国民が日本国旗を振って歓声を送る。当時は比較的円満な関係が築かれていたが、戦争の進行とともにその関係も崩壊していくことになる。

◆「死の鉄道」建造がもたらしたタイの離反

それからさかのぼること約5ヶ月前、大本営の命令によって、タイとビルマをつなぐ鉄道「泰緬鉄道」の建造が始まっていた。

これは「南京大虐殺」や「バターン死の行進」とならぶ、太平洋戦争中の日本軍の非道の代名詞として知られており、「死の鉄道」という異名をもつ。

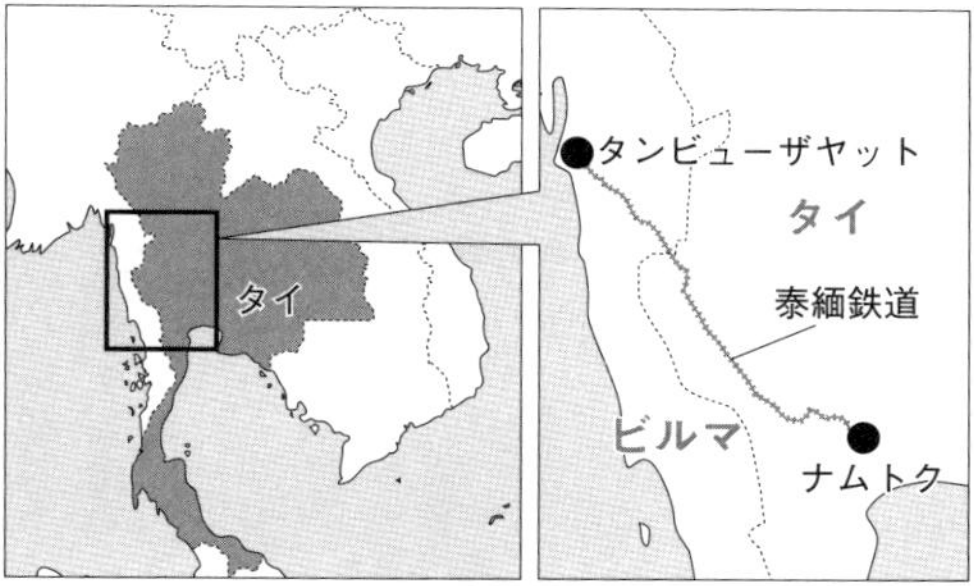

泰緬鉄道のルート

この鉄道建造のきっかけとなったのは、１９４２年６月のミッドウェー海戦での大敗だった。大本営はこれによって太平洋上の制海権にほころびが生じ、同時にビルマへの海上補給路であるインド洋の制海権が奪われるのも時間の問題と判断。陸地の補給路の増強を急務と考えたのである。

しかし、鉄道敷設が予定されたタイ・ビルマ間の約４１５キロメートルの区間は前人未到のジャングルと山地が広がっており、それを切り開いての工事は極めて困難だった。

実際、タイ鉄道局も「とても完成させられそうにない事業」だとして「仮に平地で建設するにしてもこれほどの距離の路線の完成には8年以上かかる」「工具や資材は日本軍に供出しているので不足しているうえ、それを運搬する汽車も軍事行動に転用しているため、確保できない」と難色を示した。

しかし、大本営は工事を強行し、1年4ヶ月という驚異的な短期間で泰緬鉄道は完成するのである。なぜそんなことができたのか。

答えはシンプルである。東南アジアでの戦闘で確保した連合国の捕虜5万5000人、日本兵1万2000人、資料によって非常にばらつきがあるが東南アジア各地からの労務者10万〜30万人という膨大な人員を強制的に働かせたのだ。

衛生状態も悪く、食糧も満足に確保できない灼熱のジャングルで、機械もほとんど使わずに木々を切り倒していく難工事。

とくに捕虜の扱いは過酷で、作業は朝日が昇ると同時に始まり、夜遅くまで続いた。食事は1日3回だが、メニューは「倉庫を掃いたゴミ」と揶揄されるような粗悪な米だけだったと証言する連合国兵士もいる。

当然、過労や栄養失調、伝染病で次々と労務者たちは命を落としていき、死亡者は捕虜で約1万人、東南アジアの労務者で数万から10万人前後という未曾有の犠牲を出した。あまりにも死者が多かったため、「枕木1本、死者1人」という言葉まで生まれたのである。

泰緬鉄道。(出典:根本敬・村嶋英治『写真記録 東南アジア 歴史・戦争・日本 4 ビルマ・タイ』ほるぷ出版 1997)

泰緬鉄道建造に駆り出された連合軍の捕虜。骨と皮だけになるほどやせ衰えている。

もちろんそうした犠牲のなかにはタイ人労務者も含まれていたが、タイの日本離れを決定的にした事件は死者の数ではなかった。

泰緬鉄道の工事が進められていた1942年12月18日、たまたま工事の現場を訪れたあるタイ人僧侶が白人捕虜にせがまれ、たばこを与えた。

問題は、1人の日本兵がそれを見ており、僧侶を殴り倒してしまったことだ。

僧侶の命に別状はなかったものの、それはタイ人労務者の知るところとなり、タイ人と日本兵の乱闘事件へと発展。タイ人7、8人、日本兵6人が死亡する事態になった。これは発生した土地の名から「バーンポーン事件」と呼ばれる。

日本人の感覚からすると想像しづらいが、タイでは僧侶は非常に崇められる存在で、これを契機に日本軍がタイ仏教を侮辱したという反感が急速に広まっていくのである。

その影響はすぐに出た。タイの労務者は集まらなくなり、日本兵への販売を拒否する商店や日本兵を銃で脅す警官が現れた。さらには道行く日本兵に日本語で「バカヤロー」と叫ぶ者も増え始めた。

それぞれの国にはそれぞれの歴史があり、決して譲れない心の拠り所がある。総じて日本軍はそれに対する理解が不足していたと言わざるを得ない。

こうした国民の声とともに、明らかに太平洋戦争で劣勢になりつつある日本軍の姿を認めたピブーン首相は、静かに日本軍と袂を分かち、連合国側に鞍替えする道を模索し始めるのだった。

※1 広大な領土
かつてのタイの領土はインドシナのほぼ全域からマレー半島の中部にかけて広がっており、現在のタイを取り囲むように存在するラオス、カンボジアなどの国々は、西欧に奪われたタイの保護国がそれぞれ前身になったものである。

※2 シャン州
大タイ主義は西欧に奪われた領土を回収して、タイを以前の状態に戻すことを目指していた。しかし、シャン州に住むシャン人はタイ族の一派だったが、歴史上タイの領土だったことはなかった。実質的な侵略であり、タイが能動的に戦争から利益を得ようとしていたことを示す例とされる。また、そうした経緯からこのとき日本はシャン州をタイ領に組み込むことを承認していない。

4

【タイの戦後処理】

タイはどうやって「敗戦国化」を避けたのか？

◆日本に見切りをつけたピブーン

タイは、いつごろから日本に見切りをつけたのだろう。

タイの首相であるピブーンの行動を見る限り、おそらく1943年の初頭には心が決まっていたはずだ。この年は日本の同盟国であるイタリアの首相ムッソリーニが失脚し、日本が支配する東南アジアの国々で物資不足が顕著になるなど、枢軸国側の劣勢が明確に見え始めた時期である。

当時のタイの上層部も一枚岩ではなく、ピブーンのようにタイの国益のために日本と手を組む道を選んだ人々を「親日派」とするなら、戦争当初から日本に一切協力すべきではないと考えていた「反日派」も存在した。

1943年3月30日、ピブーンはその反日派の代表格であるプリーディー※1という政治家

プリーディー

をタイ軍総司令部付法律顧問として登用している。

　こうした人事からも、ピブーンが「どのように日本と手を切るか」を考え始めていたことは間違いないはずだ。ちなみにプリーディーは太平洋戦争開戦時にはタイの摂政を務めており、後世において「タイ民主主義の父」と呼ばれ、戦後に首相を務める人物。これから語る太平洋戦争中の日本との関わりにおいても重要な役割を果たすため、覚えておいていただきたい。

　一方で日本もピブーンの「日本離れ」を察知し、どうにか関係修復を図ろうとした。7月には東條英機首相自らがピブーンを訪ね、イギリスから奪ったマラヤの4つの州やシャンの占領地域2州をタイに割譲する旨の提案をしている。

　また、現場レベルでは、「仏の司令官」とも呼ばれる※2中村明人《なかむらあけと》中将が43年初頭にタイ駐留日本軍の司令官に就任。通行人に平手打ちなどをして反感を買っていた日本軍の軍規を引き締め、タイ民衆が日本軍に抱く悪印象を改善するために奔走した。

　もはや〝けなげ〟とも思える日本の姿勢だが、ピブーンの反応は冷淡だった。

　ピブーンは東條首相から再三出席を要請された大東亜会議も欠席。結局、ピブーンと日本の関係修復は不可能な段階にまで来ていたのだろう。

では、日本に対してそっぽを向いたピブーンが何をしていたかというと、中国の国民政府[※3]と接触し、日本に対する共同戦線を張ろうと画策していた。しかし、ここで状況が大きく変わる。ピブーンは連合軍の空襲を避けるため、首都を北へ300キロメートルほどのペッチャブーンに遷都する計画を立ち上げたが、これが国会で否決され、1944年7月にピブーン内閣は総辞職してしまうのである。[※4]

とはいえ、これによって日タイ関係が好転したかといえば、まったく逆だ。

むしろ、より反日的な性質の次期内閣が成立。その顔ぶれには、「自由タイ」という日本打倒を志す抗日組織の指導者が複数含まれていたのだ。

◆自由タイとは

チャンドラ・ボースがインド国外でイギリスに対抗するための軍事組織をつくりあげたように、タイでも、国外で日本に対抗するための組織をつくる動きが存在した。

そのきっかけは、太平洋戦争初期に日本と同盟を組むにあたって、ピブーンが行なったアメリカとイギリスに対する宣戦布告である。

当時、アメリカやイギリスにはある程度のタイ人が生活していたが、これによって彼らは敵性国民になってしまった。当然、各国当局は彼らをタイへ強制送還しようとしたが、留学生などの知識人層はタイへの帰国を望まなかった。帰国すれば、日本に協力しなければならなくなるためである。

こうして残留したタイ人留学生を中心とした組織が「自由タイ」だった。

自由タイは1942年3月ごろに結成され、米英の情報機関で訓練を受けたのち、日本打倒のために東南アジアでの情報収集を行なうことになる。

一方で、タイ国内でもそれに呼応する抗日運動が芽生えていた。その指導者こそ、先述のプリーディーなのだ。プリーディーは太平洋戦争の開始とともに水面下で活動を開始し、警察局長官など、政府の重鎮を徐々に仲間に引き込んでいった。そして1943年9月ごろにアメリカと接触し、自由タイと手を結ぶ。

新内閣が誕生したのは、ちょうど水面下での抗日活動が具体的なうねりとなって現れようとする、まさにその時だったのだ。これによってタイ国内での抗日運動は加速度的に活発化していった。自由タイのメンバーは続々とタイ国内に戻り、各地にキャンプを建設して住民に軍事訓練を実施。プリーディーの主導で抗日蜂起の準備が着々と進められていった。

しかしながら、結論から述べると日本軍とタイ人の武力衝突が起きることはなかった。それよりも前に日本が連合国に降伏してしまったためである。

イギリスで訓練を受ける自由タイのメンバー。（出典：根本敬・村嶋英治『写真記録 東南アジア 歴史・戦争・日本 4 ビルマ・タイ』ほるぷ出版 1997）

自由タイの発起人、駐米大使セーニー・プラーモート。1944年、アメリカのワシントンで撮影。

ここでひとつ補足しておきたいのは、新内閣が発足してから、着々と変容していくタイの国内情勢を見つめる日本の姿勢だ。

もちろん、日本も馬鹿ではない。抗日勢力が拡大していっていることは把握しており、たとえば、タイ東北部に自由タイの秘密飛行場があることを察知した日本軍はそこへ襲撃する作戦を立案している。

だが、同盟国である以上、事前通知なしで攻撃することはできないとして、タイに原因究明を求めるに留めている。原因究明もなにも、内閣自体が自由タイの後ろ盾なのだから、証拠など出てくるはずがない。

戦争末期には、業を煮やした者たちから武力でタイを制圧する案も現れたが、こちらも同盟国だからという理由で廃案になっている。

そう、新内閣の巧みだった点は、実質的に抗日運動を主導していたにもかかわらず、日本との同盟は維持し、決定的な証拠を掴ませなかったことである。一方で日本は、タイに対しては、どこまでも〝お人好し〟だった、ともいえる。ともあれ、日本の降伏によって、タイは新たな問題に直面した。いや、その問題といずれ対峙することは戦争中から確定していたが、ついにその時がやってきたというべきか。いかにして、敗戦国になることを回避するのか、である。

◆プリーディーの秘策

これは近代以降、タイが迎えた最大の危機といわれる。

問題は、日本と同盟関係にあったこと、そして、アメリカとイギリスに宣戦布告したという確固たる事実である。

タイの本心がどうであれ、国際社会から見ればタイは枢軸国側であり、タイが敗戦国になることは避けられないはずである。

しかしここで、プリーディーが信じられないような秘策を持ち出すのだ。

彼は日本が降伏した翌日の1945年8月16日、緊急国会でこんな声明を発表した。

「対米英宣戦布告は、日本軍に強制されたもので、タイ国民の意思に反しており、また文書に本来あるべき摂政プリーディーの著名が抜けているので、タイ王国憲法に照らして疑義を認め、これを無効とみなす。タイは連合国との友好関係を回復し、日本軍の国内占領[※5]以前の状態に戻ることを決議する」

そう、宣戦布告には3人いる摂政全員のサインが必要だったが、プリーディーだけは地方視察を口実に雲隠れし、サインをしていなかったのである。

つまり、タイの宣戦布告は不完全であり、成立しないと宣言したのだ。

詭弁に聞こえても仕方がないがアメリカとイギリスはまったく異なる受け取り方をした。

アメリカは「貴国は敵国（日本）の占領から解放され、自由な国に戻った。合衆国政府は貴国を敵とみなしていない」と声明を出し、無効宣言を受け入れた。

これは太平洋戦争中にタイと直接的な利害関係がなかったこと、また、すでにアメリカは戦争終結後の国際情勢を意識しており、ソ連率いる東側諸国に対抗するため、少しでも同盟国を増やしておきたいという意図があったためと考えられる。

問題はイギリスだった。タイが日本に後方基地として領土を提供したことで、直接の被害を被ったのはイギリスだったためである。

実際に、イギリスは戦後、軍を派遣してタイを占領することを企図していたが、ここでアメリカとイギリス間のパワーバランスが大きな影響を及ぼした。

アメリカはタイを同盟国にしたい。イギリスはタイを植民地にしたい。すぐに到来する

空襲を受けるバンコク

民主主義と共産主義が対立する世界情勢において、主権をもった同盟国を求めるアメリカの欲求は強く、イギリスはそれに抗えなかった。

結果、アメリカはイギリスに働きかけ、イギリス資産の原状復帰、シャン州・マラヤ4州の返還、コメ150万トンの供与をタイが行なうことを条件に、タイとイギリスを講和させる。そして、タイは1945年12月20日には国際連合への加盟が認められたのだ。国際連合はもともと第二次世界大戦の戦勝国によって形成された国家連合で、これに加盟するということは戦勝国の陣営になったということにほかならなかった。

戦争中は枢軸国だったにもかかわらず、戦後は戦勝国に転向するというタイの離れ業。アメリカの意向や時勢が影響した側面も無視できないが、やはり歴史的に見ても比類ない外交手腕といえるだろう。

だが、こうして太平洋戦争中のタイの歴史をみていくと、ひとつの疑問が生じないだろうか。インドやインドネシア、ビルマといった東南アジアの国々は、太平洋戦争によって独立という明確な成果を得た。では、タイはこの戦争から何を得たのだろう。これは難しい問題だ。

たとえばピブーンは戦中、「われわれは他の国と同レベルの文化を持たなければ、相手にされない」と宣言して、日本軍の進駐とともに「文明国」の体裁を整えるための改革[※6]を行なっていた。

そうした意味では、日本軍という外部の圧力に晒されたことで、タイの近代化が進んだ、という言い方もできる。

だが、それは戦争がなくともいずれ起こり得た変化ともいえる。

タイは戦中、連合国からたびたび空襲を受けた。たとえば１９４４年1月に、発令された空襲警報は25件にのぼる。また、日本軍への物資提供によって国内には深刻な貧困が蔓延したことも無視できない。

タイにとって太平洋戦争は、招かれざる疫病神以外の何者でもなかったのかもしれない。

※1　プリーディー・パノムヨン（１９００年5月11日〜１９８３年5月2日）
タイの立憲革命を起こした人民党の中核メンバーのひとりで、ピブーンとは生涯のライバル関係にあった。戦前は外務大臣などを務め、治外法権の撤廃に成功。戦後は１９４６年3月24日から１９４６年8月23日までタイ第7代首相を務めるも、任期中に国王暗殺の容疑を掛けられ国外逃亡する。１９４９年に政権奪還のクーデターを起こすが失敗し、再び国外へ逃れ、二度と祖国に戻ることなくパリで生涯を終えた。

※2 中村明人（1889年4月11日～1966年9月12日）
日本陸軍軍人。最終階級は中将。戦前は憲兵司令官を務めていたが、1943年1月、タイ駐屯軍司令官として現地に赴任する。タイの要人と交流を重ねて信頼を築いていた一方で、現地の感情と日本軍上層部の意識のズレを嘆き、バンコクが空襲にさらされるようになると「日本軍が駐屯するからこういうことになる。日本人を追い出せ、ピブーン政権を追い出せという感情が高まっているのを南方軍は顧慮しない」と語ったという。

※3 国民政府
1925年に中国国民党が樹立した政府。1928年以来、蒋介石が実権を握り、独裁制を敷いた。日中戦争から太平洋戦争にかけては中国共産党と手を組み、抗日戦を行なったが、戦後は中国共産党に破れ、台湾へと遷都した。

※4
日本離れを進めていたピブーンだが、民衆からは「日本をタイに引き入れた首相」と認識されており、日本軍に対する不満が噴出すると同時にピブーンへの不満も積み重なっていた。日本もピブーンの目論見は把握しており、総辞職にむしろ賛成だったとされる。

※5 占領以前の状態
具体的には日本から移管されたシャン州とマラヤ4州のイギリスへの返還など。これらの土地はイギリスの支配下にあったため、イギリスはタイの宣戦布告無効宣言に対して厳しい態度をとることが予想された。それをなだめるための施策だった。

※6 改革
一例を挙げれば、それまで男性は下着や腰巻きだけの姿で往来を歩きまわるケースが多かったが、洋服や民族服を着ることが推奨された。また、迷信の禁止や女性に男性と対等の権利が与えられたのもこの時期である。

第7章 日本
〈戦前の呼称：大日本帝国〉

Data of During the Pacific War

首都：東京
設立：1889年※1
国土面積：67万3100km²（最大時）※2
人口：7311万4000人※3
主な言語：日本語
主な宗教：神道、仏教など

※1：大日本帝国憲法の発布年
※2：樺太、台湾、遼東半島、朝鮮など、当時保有していた領土を含む
※3：History Database of the Global Environment (2006)を引用。

The present data

首都：東京
国土面積：37万7900km²
人口：1億2670万6千人（2017年10月1日時点）
主な言語：日本語
主な宗教：神道、仏教など

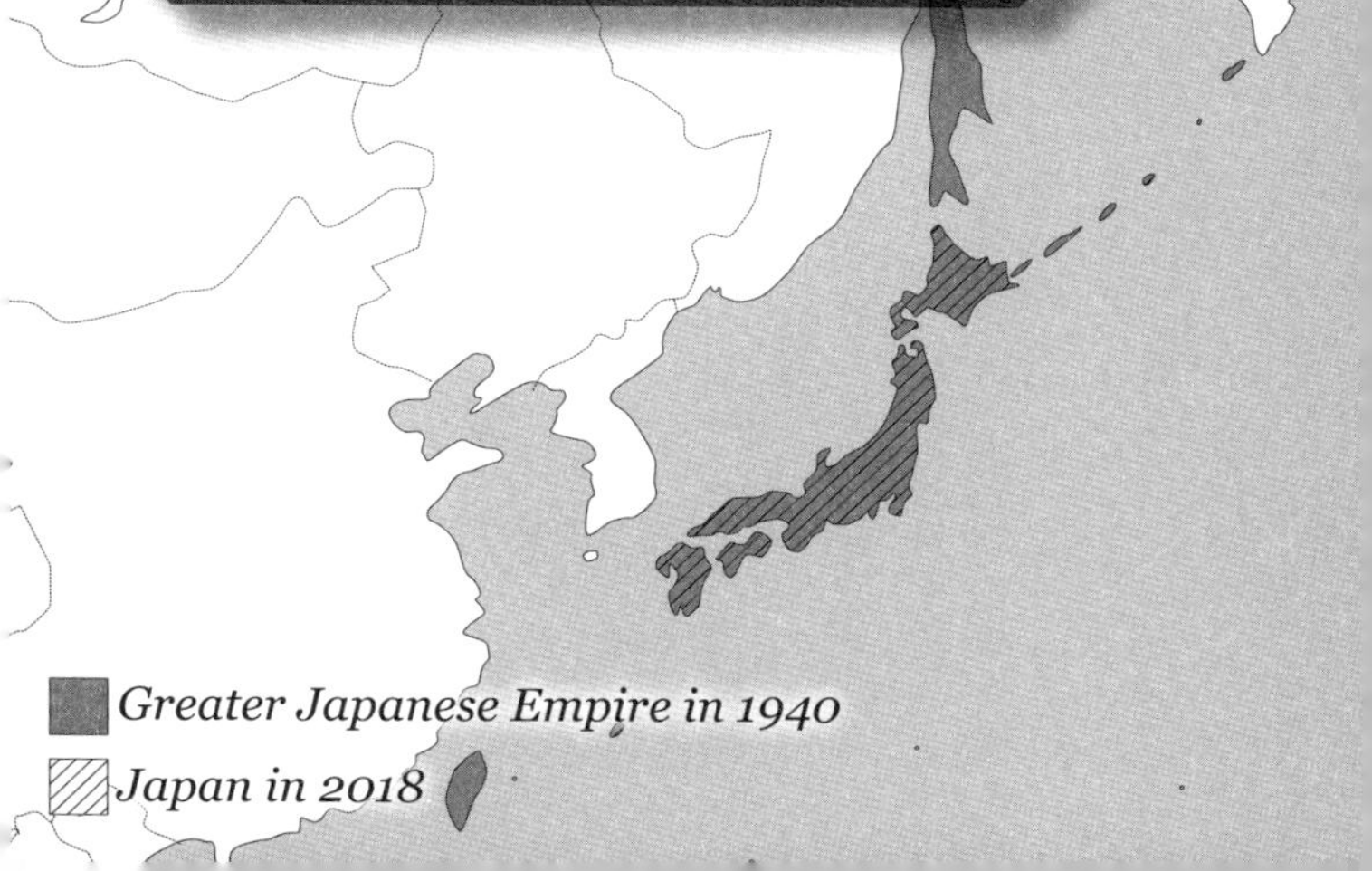

1

【東南アジア統治の変遷】

実は行き当たりばったりだった日本の東南アジア支配

◆太平洋戦争の本当の目的は？

太平洋戦争の開始から約1ヶ月半が経過した1942年1月21日、東條英機首相は議会で太平洋戦争の目的をこう演説している。

「100年間にわたって英米の搾取に苦しんできたアジア諸国を解放し、大東亜永遠の平和と、帝国（日本）を核心とする道義に基づく共存共栄の秩序を確立する」

つまり戦争を始めたのは、アジアを解放し、日本を中心にアジア各国が協力しあう経済圏をつくるためだったと。

これまでの6つの章で眺めてきたことからも分かる通り、この演説は太平洋戦争の一側面しか表していない。むしろ「アジアの解放」は、太平洋戦争を始めざるを得ない状況まで追い込まれて掲げられた二番手の理由といっていい。

では日本を太平洋戦争に誘った根本的な動機はなんだったのか。

それは「石油の確保」である。

戦前の日本は、国内で消費する石油の約8割をアメリカから輸入しており、国内の備蓄では平時で3年弱、戦時で1年半しかもたなかった。

石油のような重要資源の供給を、ひとつの国に依存するのは大きなリスクだ。もしもその国との関係が悪化し、石油の供給を止められれば、経済も産業も停止し、国家運営もままならなくなってしまう。

そして、1937年に日中戦争が始まると同時に、そのリスクは現実になった。

日中戦争の開戦を受け、アメリカは経済制裁として日本への石油と鉄鋼の輸出を制限する。※1 それでも日本の中国侵攻は収まらなかったため、対日資産の凍結と石油の全面輸出禁止を行なった。そこにイギリス、オランダも呼応し、有名なABCD包囲網が確立したのだ。

◆日本の石油輸入量
※他の輸入先国は蘭印、ソ連など

時期	石油輸入量	米国からの輸入量	比率
昭和10年（1935）	345万kl	231万kl	67%
昭和12年（1937）	477万kl	353万kl	74%
昭和14年（1939）	494万kl	445万kl	90%

（岩間敏 論文「戦争と石油3」2010 から作成）

日本は焦った。石油はまもなく枯渇する。そして当時の政府や軍部の要人たちが開戦前から口を揃えているように、アメリカと戦って勝てる見込みは一切なかった。※2

そこで、どうにか経済制裁を解いてもらうために交渉を続けたが、アメリカは「中国からの撤退」「日独伊三国同盟の破棄」などの要求を突きつけてきた。事実上の最後通告、いわゆる「ハル・ノート」である。

国家存亡の機であるなら、中国の利権など諦めてしまえばいい、と思われるかもしれない。しかし、当時日本が中国大陸にもっていた満州国は経済的、軍事的に非常に重要な拠点であり、これを手放せということは日本を日露戦争以前の状態に戻せということと同じだった。到底、受け入れられるはずがない要求だったのである。

交渉の余地なし、と判断した日本は戦争を決意する。そして、石油をはじめとした戦争継続に必要な資源を手に入れるため、東南アジアへ向かったのだ。

◆行き当たりばったりだった東南アジア統治

日本軍は41年12月8日の開戦と同時にアジア各地に侵攻し、12月25日には香港、42年1月にはフィリピンのマニラ、2月にはシンガポール、3月にはインドネシアのバタビア（現ジャカルタ）とビルマのラングーンを制圧し、半年も経たないうちに東南アジアのほぼ全域を支配下に収める。そして各地で軍政を行なっていった。

一連の軍事行動があまりにも迅速なため、綿密な計画が練られていたと思われがちだが、日本はいつごろから東南アジア進出の構想を練っていたのだろう。

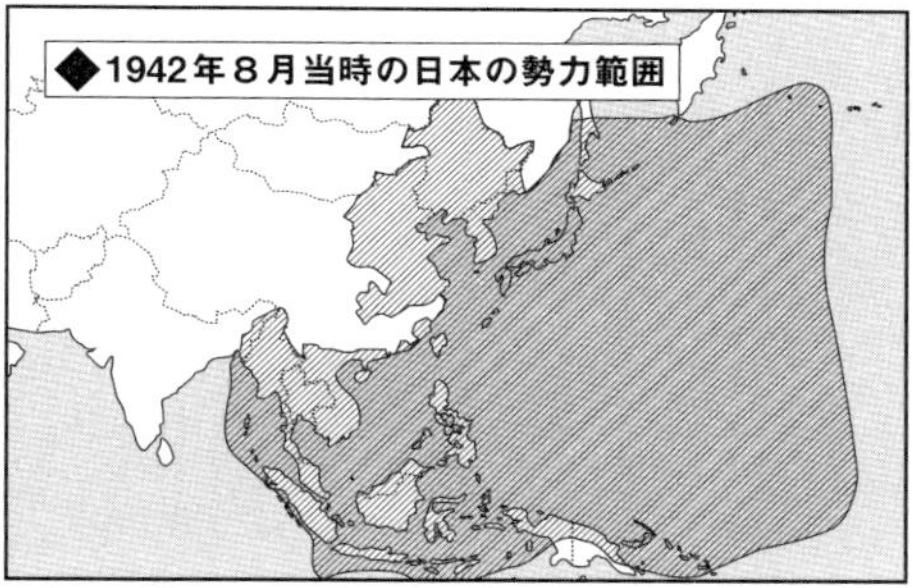
◆1942年８月当時の日本の勢力範囲

意外にも、その期間は非常に短い。日本政府の公式声明として「大東亜共栄圏」という単語が登場するのは１９４０年7月のことだ。

これはアメリカの経済制裁が強まりをみせ、ナチス・ドイツがヨーロッパ戦線でフランスとオランダを下した時期にあたる。フランスとオランダの敗北を受け、二国が東南アジアにもつ植民地を奪うというプランが浮上したのだ。

しかし、この段階ではほとんど具体性はなく、実際に軍政を検討し始めたのは41年2月。軍政の基本方針ともいうべき「南方占領地行政実施要領」が策定されたのは、おどろくべきことに同年11月20日と開戦のたった約３週間前である。

しかも同要領では占領後に現地の治安回復、石油などの資源確保、作戦部隊の自活確保などを行なうことが定められたが、あくまで基本方針であり、具体的にどのようにそれらを実現するかについては白紙の状態だった。※3

多様な民族が暮らし、生活習慣や言語、宗教、経済規模も地域によって大きく異なる東南アジアである。こんなにわか仕立ての状態で統治を行なうことは当然のように無謀であり、さまざまな弊害を生むことになった。

たとえば産業の荒廃だ。

植民地時代の東南アジアにはゴムや藍《あい》など、輸出用の産業作物のプランテーションがそこかしこに広がっていたが、日本は食糧の生産のためにそれを潰していった。

植民地時代の東南アジアは確かに人権や機会の面で平等を欠いていたものの、輸出入においてて宗主国や近隣の地域とある種の経済圏を形成し、補完関係になっていた。日本の軍政は図らずもそうした関係性を破壊してしまい、深刻な物資不足が蔓延することになる。

また、日本軍政の開始とともに各地の通貨は日本が発行する軍票に移行したが、軍票を無尽蔵に発行したことによって未曾有のインフレが発生している。

これらの原因は、ひとえに東南アジアの地域研究が不十分だったからにほかならない。

さらにいえば、「アジアの解放」を謳う以上、民衆の文化や気質を理解することは、統治を円滑化するという実利的な目的以上に、道義であるといえる。

その理解も不十分だった。

有名な例としては、日本兵が現地の子供の頭を撫でたことが挙げられる。

微笑ましい光景に思えるが、東南アジアの多くの地域では、頭はその人の精霊が宿る神聖な部位とされ、むやみに触るのは禁忌なのだ。

宣伝部隊としてインドネシアに赴任した町田敬二陸軍大佐は「いやしくも国運を賭して戦争に突入するのに、インドネシア人の心情も知らないで、彼らに対する宣伝方針を打ちたてたということは全くバカげたことだった」と当時を回想している。

東南アジアの多くの人々は、当初日本軍を解放者として歓迎した。しかし、こうした無知の積み重ねが彼らの反感を募らせ、統治失敗のひとつの要因となっていったのである。

◆東南アジアの物資の行方は？

さて、統治が円滑だったかどうかはさておいて、日本は東南アジアを占領し、油田や鉱山などを手中に収めたことは事実である。

すると、ひとつの疑問が生じる。

そもそも日本が東南アジアに進出した動機は石油を確保し、アメリカとの戦争を持ちこたえることだった。そして、あわよくばアメリカと講和するチャンスを狙おうという思惑

◆南方からの石油量の変遷
単位:1,000バレル(万キロリットル)

年度	南方原油生産量	日本への還送	南方での消費・損失
昭和15年	65,100(1,033.3)	―	―
昭和17年	25,939(412.4)	10,524(167.8)	15,415(245.0)
昭和18年	49.626(789.0)	14,500(230.5)	35,126(558.4)
昭和19年	36,928(582.1)	4,975(79.1)	31,953(508.0)
昭和20年	6,546(1,041)	―	6,546(104.1)

(引用:岩間敏 論文「戦争と石油2」2006から作成)

があったのである。

当初の目的を果たしているにもかかわらず、なぜ日本はあれほど無残な敗戦を迎えたのだろう。

現に東南アジアは資源の宝庫だ。インドネシアにはパレンバン油田、フィリピンにはマンカヤン銅山、ビルマには鉛や亜鉛を産出するボードウィン鉱山など、枚挙にいとまがない。

油田の場合は42年には２５９４万バレル、43年には４９６３万バレルと大量の原油を産出しはじめているのである。

しかし、問題は輸送だった。東南アジアでいかに資源がとれようと、それを日本に運べなければ絵に描いた餅に過ぎない。

42年には１６７万キロリットル、43年には２３０万キロリットルの原油が日本に送られたが、戦線の拡大にともなって多くの船舶が戦地への輸送用に徴用されるようになり、肝心の日本へ物資を運ぶ輸送船は不足し始める。

さらに43年に入ると連合軍によって破壊・拿捕される輸送船が急増し、石油の輸送が困難になってしまうのだ。

太平洋戦争開始後に建造された船舶は総重量にして350万トンにおよぶが、一方で開戦後から破壊された船舶は800万トン以上に及ぶのである。

すなわち、東南アジアに向かった理由も行き当たりばったりであれば、現地の統治も、現地から得た資源の運用も、すべてが行き当たりばったりだったのである。

※1
ただし、アメリカが経済制裁を行なったのは、正義感からではないということを補足しておきたい。アメリカも中国での利権拡大を狙っており、日本の中国における影響力が増すことを危惧していたのである。

※2 口を揃えている
たとえば開戦時に海軍の連合艦隊長官だった山本五十六も、近衛文麿首相（当時）に勝算を尋ねられ「やれと言われれば初め半年や1年の間は存分暴れてご覧に入れる。然しながら、2年3年となれば全く確信は持てぬ。三国条約（日独伊三国同盟のこと）が出来たのは致し方ないが、かくなりし上は日米戦争を回避する様極力御努力願ひたい」と語っている。

※3 白紙の状態
結局のところ、それぞれの進駐先での統治は軍政を指揮する司令官の能力によって大きく左右されることになった。その点は、一時的ながら円満な統治が行われたインドネシアと終始トラブルが絶えなかったフィリピンを比較するとわかりやすい。

2 【大東亜共栄圏の本質】日本の民衆はアジア統治をどうみていたのか？

◆明治時代から存在したアジア解放の思想

太平洋戦争時の日本が夢見ていた「大東亜共栄圏」の建設。

アジアを解放し、アジア各国が協力しあう経済圏をつくるという壮大なプランであり、これだけを聞けば極めて人道的な行ないに思える。

しかし、ここで考えてみたい。そもそも、なぜ解放という発想が出てきたのだろうか。飢えている者がいれば何かを食べさせてあげたい。病に苦しむ者がいれば看病をしてあげたい。こうした慈愛の感情は人間の基本的な性質だが、国家運営は慈善事業ではない。ましてや当時は強い国が弱い国を侵略するのが当たり前の時代。身も蓋もない話だが、他国のことなど放っておけばいいという発想にならなかったのはなぜなのだろう。

もちろん戦後の言説には「アジアの解放など建前に過ぎず、日本の植民地にするための口実だった」という指摘が根強い。先述の通り、東南アジアに眠る石油が必要だったという戦略的動機があったことからも、それは一理ある。

しかしながら、それがアジア進出の動機のすべてだったと断じるのは正しくない。実際、日本にはアジアを食い物にする欧米諸国を追い払い、アジア全体で助けあおうという「大アジア主義」[※1]という思想が明治時代から存在したのである。

これは明治維新後の日本が、国際社会で生存競争を繰り広げるなかで誕生したものだ。江戸時代まで国際情勢とほとんど切り離されていた日本は、黒船の来航によって侵略の危機に直面する。そこから独立を維持するため、死に物狂いの富国強兵政策が始まるわけだが、その歴史には常に西洋対アジア、白人対有色人種という対立構造が存在した。

そこで生き残る道を模索する過程で、小国だった日本が、岡倉天心の「アジアはひとつ」という言葉に象徴される、アジアの団結という発想に至るのは極めて自然なことだった。

大アジア主義は、日本が日清戦争・日露戦争に勝利し、強国としての地位を確立し始めると一端下火になるが、１９１８年に第一次世界大戦が終焉し、西洋諸国が日本への警戒心を露骨に高める段階になって再燃した。

１９１９年に行なわれた第一次世界大戦のパリ講和会議では、日本は国際連盟の規約に人種差別撤廃条項を盛り込む提案をしている。

これは西洋によるアジア人蔑視や人種差別が横行していた当時の世界情勢を背景にしたもの。現在でこそ、人種差別は是正されて当然という価値観の人が大多数を占めているが、当時としては非常に画期的な試みだった。

この提案はイギリスやアメリカ、オーストラリアなどの反対によって実現には至らなかったものの、アジア解放という思想が当時の日本の主流思想だったことを示す好例といえる。

そして、大アジア主義は※2満州国の建国、日本の国際連盟の脱退という、太平洋戦争へと向かう一連の流れのなかで最高潮を迎えるのである。

◆民衆は太平洋戦争をどう受け止めた？

もちろん、大アジア主義が政治家や軍人、官僚だけの思想ならば主流思想だったとはいえない。特筆したいのは、一般の国民も強い共感をもって受け入れていたということだ。

ビルマに駐在していた三菱商社マンの親睦会「三菱パゴダ会」が戦中に発行した会報に、こんな俳句が載っている。

「もうすぐだ頑張れガンディー俺が行く」

これは三菱と関係のあった山口自転車の社員、玉置磯路という人物が投稿したものだ。

本書で焦点を当てたチャンドラ・ボースとは対立関係にあったガンディーだが、彼も対イギリス闘争の最重要人物。玉置はこのガンディーを激励する句にインド独立の願いを込めていた。戦後のインタビューでは、これを詠んだ26歳のころの心境をこう語っている。

「インドに行って、したいと思ったことは、事業なんかではありません。インドを独立させてあげることだった。最もやりがいのあることだと感じたんですな」

実際に玉置は大陸へ渡り、インド国民軍の面々に独立運動を激励する演説をしている。海外渡航が現在ほど簡単ではなかったから、これほどの行動をとる者は少数派だったが、当時の日本国民にはアジアを応援したいという感情が渦巻いていた。

戦後を代表する娯楽小説家である山田風太郎も、23歳（1944年）のころの日記にこんな筆致を残す。

「アジアにいながら、われわれの出会うアジア人は悉く貧困の極みをつくしているのは日本の恥辱である。それを救うのは日本の義務であり責任でなければならない」

そして「朝鮮や台湾を植民地としておきながらアジア解放を叫ぶというひとりよがりの大矛盾を抱えているのは百も承知」としながらも、日本がアジアの解放のために戦ったということを自分は信じ、少なからぬ若い兵隊もそれを信じていたと語っている。

同じアジアという共通点があるにしても、他国のために国民が一丸となるという現象は、現在の常識に照らせば奇異に見えるかもしれない。

太平洋戦争開幕時、日本国民は国旗を振って歓声を上げた

ここで重要になるのは明治維新以来、約70年もの間、日本は西洋に追いつくための西洋化をひた走り、それと平行して西洋対アジアという対立構造のなかで喘ぎ続けてきたという歴史である。

当時の日本人にとって、太平洋戦争はそうした日本の挑戦の総決算であり、初めて西洋文明を克服しようとした戦いだった。そのために西洋に支配されるアジアを解放するというのは必然であり、日本国民が奮い立つのは当然のことだった。

いわばイデオロギーや打算を超越した、ロマンともいえる感情がそこにあったのだ。

◆理想と現実はどこで食い違ったのか？

しかし、そうした日本の理想がどうであれ、太平洋戦争後期になるとアジアの国々が日本統治に対する不満を募らせていったのは、これまで見てきたとおりである。

理想と現実のギャップが生じていったメカニズムを、もう少し詳しく考えてみたい。

ビルマでアウンサンたちを訓練した鈴木敬司大佐（当時）、インド国民軍とともにマレー作戦にあたった藤原岩市少佐（当時）などを筆頭に、当時のアジアで任務にあたっていた将校・兵士たちの多くが、アジア解放を信念にしていたのは疑いない。日本敗戦後、独立闘争を支援するために多くの日本兵がインドネシアに残留したこともその象徴だろう。

こうして太平洋戦争前半は、おおむね日本軍は現地から歓迎され、良好な関係が築かれていた。※3

しかし、軍人はあくまで軍という組織を形作る末端に過ぎず、彼らの最優先事項は大本営の命令に従うことである。そして、大本営にとっての最優先事項が日本の戦勝だったことが、食い違いの元凶だ。

太平洋戦争が劣勢に転じると、日本は食糧、燃料、鉄鋼などの大量の資源や、戦線を維持するために大量の労働力が必要になる。こうした現実が突きつけられたとき、日本はアジアを単なる資源と労働力の供給源にする以外に道はなかった。

マレーシアの中学2年生の教科書にはこんな記述がある。

「現地の人々の多くは、日本のスローガン（著者注：アジアの解放）を信じた。（中略）日本の進出のあとになって、やっと現地の住民は、日本が約束を守らないことに気づいた」

日本の立場からすれば「守らない」のではなく、「守れない」という言い方が正しい。現

大東亜会議の出席者たち。右からチャンドラ・ボース（インド）、ホセ・ラウレル（フィリピン）、ワンワイタヤコーン（タイ）、東條英機、汪兆銘（中華民国）、張景恵（満州国）、バ・モウ（ビルマ）。

地の人々の生活を維持しながら、太平洋戦争を戦う余裕などなかったのである。

　こうした失態は、当初日本を歓迎した人々をも失望させ、アウンサンの蜂起に代表される抗日運動の激化につながっていく。同時に、アジア解放を信念としていた日本兵たちは無力感に苛まれたのである。

　もうひとつ、日本の失敗の原因を挙げるなら、それはアジア圏を日本文化圏の延長と捉えてしまったことだろう。

　それを如実に伝えるのが、アジアの指導者を東京に招き、1943年11月5日から行なわれた大東亜会議である。

　この会議は「大東亜共栄」のための団結を再確認することを目的としていたが、参加したアジアの指導者たちはその内幕を目の当たりにして不信感を強めた。

　日本側から示された大東亜共栄圏の理想像は、アジア各地から資源を持ち寄り、アジア全体が繁栄しながら、家族のような和気あいあいとした関係でつながりあう、という非常に漠然としたものだったためである。

いわば日本的な和の発想だが、各国の主権がどこにあるかがはっきりとせず、独立という確固たる目標をもったアジアの指導者たちは首を傾げざるをえなかった。

また、東條首相が日本とアジア諸国の関係を表現するにあたって、不用意に「父と子」「長兄と弟」というような言葉を多用したのも不信感に拍車をかけた。

東條首相からすれば、同じアジアなのだから家族のような関係を築こう、という親しみからの発言だったが、フィリピンのラウレルなどは「相手を見下す態度」と受け取ったのである。

結局のところ、日本はアジアの現実に対する見通しや理解が甘く、その結果、アジア解放という理想が空回りしてしまったといえるのだ。

※1 大アジア主義
汎アジア主義とも。アジアの国々が団結すべきという発想は共通するが、たとえば明治時代の自由民権運動の指導者植木枝盛はアジアの諸民族が完全に平等に連帯すべきと唱え、同時代の思想家樽井藤吉は日本がアジア諸国の民主化を援助する形で連帯すべきと唱えるなど、思想家によって構想に違いがある。

※2 満州国

満州国の建国理念は「王道楽土」、民族政策の標語として掲げられたのは「五族協和」だった。王道楽土とは、西洋の軍事力による統治は覇道であり、東洋の「徳」による王道の統治を行なうという意味が込められており、五族協和は満州族・大和族（日本人）・漢族・モンゴル族・朝鮮族の5族が協調しあって暮らせる国を意味している。いずれもアジア主義を背景とした理念だった。

※3

また、「挨拶をしなかったら日本兵に平手打ちをされた」というようなケースが多々あり、そうした暴力は現地住民から恐れられたが、それは権力を振りかざした弱い者いじめとは言い切れない。傷ついた人々がいる以上、正当化はできないが、「アジア人を強くしたい、成長させたいから喝をいれた」というメンタリティが存在したことを補足しておきたい。

3

【戦争賠償と東京裁判】

日本のアジア進出はどのように賠償されたのか

◆太平洋戦争の被害は？

1945年8月15日の日本の降伏に前後して、アジア各地にはかつての支配者たちが舞い戻ってきた。

各地域の反応はさまざまだ。インドネシアやビルマなどでは現地住民による反乱が起こり、フィリピンや英領マラヤなどでは一時的に支配を受け入れた。ともあれ、やがてアジアはそれぞれの独立の道を歩んでいくことになる。

しかし、これですべてが終わったわけではない。約4年半にわたった太平洋戦争がアジア各地にもたらした傷を精算する必要があった。

連合国やゲリラとの戦闘、労務者としての強制労働、物資不足などによって発生した飢餓……。さまざまな要因が多くの者の命を奪った。だが、その数を正確に見積もるのは簡単ではない。

　たとえば、ＮＡＳＡの経済アナリスト、ヴェルナー・グリュールは日本軍による民間人の犠牲者数は[※1]２０３６万５０００人という数字を出しているが、同じアメリカ人でも歴史家Ｒ・Ｊ・ラムルは[※2]５４２万４０００人としている。

　南京大虐殺やシンガポールの華僑虐殺のように、犠牲者数の確定していない事件が多々あることも問題だ。

　とはいえ、日本軍がアジアに進出したことによって数百万から数千万の人命が失われたことは間違いなく、さらに国土の荒廃や物資の徴用などによる経済的・文化的損失を併せれば、その被害の全容は想像を絶するといえる。

1951年9月8日、サンフランシスコ平和条約に署名する吉田茂首相

　日本は現在までにそうした被害の賠償を終えているが、ここで疑問なのは戦争のような空前の被害の賠償方法はどうやって決めるのかということだ。

　太平洋戦争の場合、１９５１年９月４日から８日にかけて行なわれたサンフランシスコ講和会議で大枠が決まり、その後、日本がそれぞれの国と個別に賠償の内容を協議していった。

日本の賠償内容をまとめた表が291ページである。

太平洋戦争の賠償は大きく5種類に分けられることが多く、「占領した連合国に対する賠償」、「準賠償」、「連合国捕虜に対する賠償」「中間賠償」、「在外資産による賠償」からなる。

一般的に戦争賠償といった場合、「占領した連合国に対する賠償」がそれにあたり、その名の通り日本が占領して被害を与えた国に支払うもので、日本は[※3]フィリピン、ベトナム、ビルマ、インドネシアに合計約3643億円を支払った。[※4]

「準賠償」とは、連合国でなかったり、賠償の請求権を放棄したり、占領はされていないが日本との交戦によって何らかの被害を受けたりした国や地域に支払われたもの。本書で取り上げたシンガポールやマレーシアはサンフランシスコ条約を結んだ時点ではイギリス領であり、イギリスが請求権を放棄したため、準賠償が適用された。

表の「各種請求権」は「連合国捕虜に対する賠償」や、日中戦争での被害に対するさまざまな賠償をまとめたものだ。

これらの合計が約6565億円にのぼり、これにサンフランシスコ平和条約締結以前に行なわれた「中間賠償」と、日本が海外にもっていた資産を提供することで賠償とする「在外資産による賠償」による約３７９４億円を足すと賠償額は当時の金額で１兆円以上にのぼった。これは現在の価値にするとどれくらいの規模なのだろう。

支払いは50年代なかばから77年までの約20年間にわたった。

１兆円以上という金額はその都度支払われた額面の合計であり、物価の変動があるため正確に算出するのは難しい。あくまで目安だが、大学卒業の公務員の初任給は１９５６年４月で８７００円、１９７７年４月で９万１９００円である。戦後復興期の貧しい日本にとっては、極めて巨大な負担だったことだろう。

◆日本の無罪を訴えたアジア人判事

ところで、日本の戦後処理というとまっさきに思い起こされるのが１９４６年5月３日から東京・市ヶ谷で行なわれた極東軍事裁判、通称「東京裁判」ではないだろうか。

しかし、これまで見てきたように日本がもたらした被害の精算はサンフランシスコ講和会議に基づいて定められていた。

では、東京裁判は何のための裁判だったのだろう。

東京裁判では連合国を中心とした※5 11の国と地域から１人ずつ判事が選出され、東條英機元首相を始めとした閣僚、官僚、軍人など28人の被告を裁いた。そして、７人が絞首刑、

◆日本の戦後賠償

	協定等の調印年	賠償	準賠償	各種請求権	合計
ビルマ(ミャンマー)	1954年 1963年	720億	612億	—	1332億
スイス	1955年	—	—	12億	12億
赤十字国際委員会	1955年	—	—	45億	45億
タイ	1955年 1962年	—	96億	54億	150億
デンマーク	1955年 1959年	—	—	7.23億	7.23億
オランダ	1955年	—	—	36億	36億
フィリピン	1956年	1980億	—	—	1980億
スペイン	1957年	—	—	19.8億	19.8億
フランス	1957年	—	—	16.728億	16.728億
スウェーデン	1957年	—	—	5.05億	5.05億
インドネシア	1958年	803.088億	636.876億	—	1439.964億
ラオス	1958年	—	10億	—	10億
カンボジア	1959年	—	15億	—	15億
南ベトナム	1959年	140.4億	—	—	140.4億
イタリア	1959年 1972年	—	—	8.3305億	8.3305億
英国	1960年	—	—	5億	5億
カナダ	1961年	—	—	0.063億	0.063億
インド	1963年	—	—	0.09億	0.09億
韓国	1965年	—	1080億	—	1080億
ギリシャ	1966年	—	—	0.5823億	0.5823億
オーストリア	1966年	—	—	0.0601億	0.0601億
マレーシア	1967年	—	29.4億	—	29.4億
シンガポール	1967年	—	29.4億	—	29.4億
ミクロネシア	1969年	—	18億	—	18億
北ベトナム	1975年	—	85億	—	85億
ベトナム	1976年	—	50億	—	50億
アルゼンチン	1977年	—	—	0.8316億	0.8316億
モンゴル	1977年	—	50億	—	50億
補償総額	—	3643.488億	2711. 676億	210. 7655億	6565億 9295万円

この6565億9295万円に、在外資産の喪失3794億9900万円、中間賠償1億6516万円を足し、合計1兆362億5711万円　※借款は除外。国立国会図書館外交防衛課作成の資料をもとに改変

16人が終身刑、２人が禁錮刑に処された。

被告のおもたる罪状は侵略戦争を計画・開始したことなどからなる「平和に対する罪」。[※6]A級戦犯とは、これが適用された者の呼び名だった。

だが、この裁判がアジアへの罪を償うための量刑を、公正に決める裁きの場だったかといえば、答えはノーだ。

東京裁判は日本を有罪にする方針有りきで行なわれ、日本側が有利になるような証拠は、政府や軍部の公式声明に至るまで「証拠能力がない」と明確な理由もなく棄却された。

その一方で、検察側の証拠は一般的に証拠能力が低いとされる伝聞のものでもほとんどが採用され、次々と有罪判決が下されていった。裁判において中立であるべき判事も、全員が連合国側の国から選出されており、ほとんどの者がただの置物のように有罪判決を下すだけだった。すなわち東京裁判は、いわば連合国による復讐ショーだったのである。

もちろん「どんな方法で量刑が決められたのだとしても、あれほどの被害を出した戦争の責任者など処刑されて当然だ」と思う人もいるだろう。感情的にはもっともな意見だ。しかし、膨大な人々が苦しみ、命を落としたからこそ、その罪の大きさを公正に見定め、それに見合った贖罪を求めることが犠牲者に対する道義なのではないだろうか。こうした視点からすれば東京裁判は犠牲者であるアジアの人々を侮辱するものだったともいえる。

しかし、判事のなかでただ1人だけ、裁判の不当性を訴える者がいた。インド代表のパール判事[※7]は、太平洋戦争に関する4万5000部の資料、3000冊もの書籍を検討し、東京裁判を「儀式化された復讐」と断じた。そして驚くべきことに被告全員の無罪を訴えたのだ。

東京裁判の法廷

パール判事がとくに問題視したのは、「平和に対する罪」などの罪状が、太平洋戦争開戦の時点で世界中のどこにも存在しなかったことだ。

これのどこが問題なのか。

あらゆる法律には「法の不遡及《ふそきゅう》」という原則がある。これはある行為を、その後につくった新しい法律で裁くことはできないというもの。これが破られれば、極論、どんな行為でも後から犯罪にすることができ、法制度自体が崩壊してしまう。

パール判事の主張は当時においても現代においても紛れもない正論だった。しかしながら、日本を有罪にするという決定路線が覆ることはなく、無視されたのである。

パール判事は裁判後、再び日本を訪れた際にこんなことを言っている。

「彼ら（連合国）は、日本が侵略戦争を行なったということを、歴史に留めることによって、自己のアジア侵略の正当性を誇示すると同時に、日本の過去18年間のいっさいを罪悪であると烙印することが目的だったに違いない」

ここで補足しなければならないことは、パール判事は日本のアジア進出が正当だったと言っているわけではなく、裁判が公正なものでないため、判決は無効だと言っているということだ。

しかし、人類史上最大規模の戦争が幕を閉じ、勝者の野望と敗者の絶望が交錯する混沌のさなか、このような公正な視線をもっていたアジア人がいたことは特筆に値することではないだろうか。

※1　2036万5000人
内訳は中国人1239万2000人、インドシナ150万人、朝鮮人50万人、インドネシア300万人、英領マラヤ10万人、フィリピン50万人、ビルマ17万人、東南アジアでの強制労働7万人、非アジア人の抑留民間人3万人、ティモール人6万人、タイと太平洋諸島6万人となっている。

※2　542万4000人
内訳は中国人369万5000人、インドシナ人45万7000人、朝鮮人37万8000人、インドネシア人37万5000人、英領マラヤ人28万3000人、フィリピン人11万9000人、ビルマ人6万人、太平洋諸島

5万7000人としている。ヴェルナーの統計と大きく数字が異なるが、ラムルの説は「民衆虐殺」の数と定義されており、見積もり方が違う可能性がある。

※3 フィリピン、ベトナム、ビルマ、インドネシア
正確には、この賠償はサンフランシスコ平和条約を締結した国に支払うもので、ビルマとインドネシアは同条約を締結していなかったが、のちに同様の条約を結んで日本は賠償を行なった。

※4
賠償額は国ごとに交渉で決められ、その賠償協定が締結された年ごとの円換算。

※5 11の国と地域
アメリカ、イギリス、ソ連、フランス、中国、オランダ、カナダ、オーストラリア、ニュージーランドの9カ国とフィリピン、インドから判事が1人ずつ選出。

※6 A級戦犯
連合国は戦犯をA級、B級、C級に分類していた。この3つの区分は、罪の重さではなく、適用する罪状で分けられたもので、A級は「平和に対する罪」、B級は通例の戦争犯罪、C級は「人道に対する罪」の容疑である。

※7 ラダ・ビノード・パール（1886年1月27日～1967年1月10日）
インドの法学者。カルカッタ高等裁判所判事、カルカッタ大学総長などを歴任し、1946年5月、東京裁判のインド代表として派遣された。他の国の判事が法律関係者ではなく、日本語も英語も理解できない者がいたのに対し、パール判事は法廷でひとりだけの国際法学者だった。近年の新説では、パール判事が東京裁判に招かれたのは手違いだったともいわれる。

おわりに

私はあの戦争が終わり、40年が経過した1985年に生まれた。この世代になると、周囲にあの戦争をリアルタイムで知る人はほとんどいない。

実際、少年期から青年期にかけて、私があの戦争の残影に触れた機会など、終戦記念日が近くなるとこぞって放送されるテレビ特番か、学校の授業の断片的な情報に過ぎなかった。ただぼんやりと、大昔に大変な戦争があり、日本が悪いことをしたのだな、という居心地の悪さのようなものを抱いていたように思う。

そんな浅学な人間が改めてあの戦争について調べたとき、もっとも衝撃を受けたのは、当時の日本の所業や被害の全貌などよりも、歴史というもののあやふやさだった。

私たちが歴史に触れるとき、その情報は誰かの主観を経由し、要素の取捨選別を経て、ある種の総括に落とし込まれたものにならざるを得ない。

だからこそ、ある書物では日本がいかに悪逆非道な存在だったかを呪詛する記述が紙面を埋め尽くし、またある書物では日本がいかに勇敢に戦い、当時の弱者たちを救ったかを賛美する記述が踊る。そこにあるのは、歴史というより願望に近い。

もうひとつ無視できないのが、歴史は勝った者がつくる、ということだ。

戦時中に「大東亜戦争」と呼ばれていたあの戦争が、その呼称が軍国的という理由から、戦後にアメリカの手で「太平洋戦争」と修正されたことが象徴するように、過去の出来事は強者によって常に書き換えられていく。

「日本は中国や韓国の人々に悪いことをした」という歴史認識は一般的だが、なぜこの二国と並列してインドネシアやフィリピン、ミャンマー、マレーシアなどの名があがらないのかといえば、それは日本から受けた被害の質や量の問題ではなく、どれほど効果的に被害の宣伝を行なったかに左右されるからだ。

結局、あの戦争の真実はどこにあるのか。

本書で眺めてきた限りでも、あの戦争はアジアの国ごとに全く違う戦争だった。日本に目を向けても、軍上層部と現地で任務にあたった軍人では、それぞれ大きく異なる風景を眺めていたことだろう。

突き詰めれば、侵略、または解放と総括する行為もまた、むしろあの戦争の本質を理解しづらくしてしまうことにほかならない。

そこには罪過と功績があった。罪過は功績を打ち消さないし、功績は罪過を打ち消さない。こうした行為をすべて内包する行為があの戦争だったのだ。

あの戦争が終結して、約70年が経った。奇しくもこの年月は、明治維新によって大日本帝国が誕生し、滅びるまでの期間に等しい。戦後の焼け野原から歩み始めた私たちは、70年が経過した今、どこに向かっているのだろう。

歴史とは願望でも、強者のプロパガンダでもない。

今を生きる私たちの道標であるはずだ。

あの戦争の罪過と功績を直視し、そのうえで未来を模索すること。それこそが命を奪われた大勢の人々に対する誠意であり、今求められていることなのではないだろうか。

最後にこの本を執筆するにあたって参照させていただいたすべての資料の著者や編者の方々と、長期にわたる膨大な編集作業を行なってくださった彩図社の大澤氏、そしてこの本を手にとってくださったすべての方々に最大限の感謝を述べて、結びとさせていただきます。

小神野真弘

参考文献

『大日本帝国の生存戦略同盟外交の欲望と打算（講談社選書メチエ）』黒野耐（講談社）／『大東亜戦争が世界に齎（もたら）した偉大な成果』赤堀光雄（文芸社）／『アジアの声―侵略戦争への告発』戦争犠牲者を心に刻む会（編）（大阪東方出版）／『親日アジア街道を行く―日本近代史の真実』井上和彦（扶桑社）／『白い人が仕掛けた黒い罠―アジアを解放した日本兵は偉かった』高山正之（ワック）／『侵略か、解放か!? 世界は「太平洋戦争」とどう向き合ったか』山崎雅弘（学研マーケティング）／『アジアからみた「大東亜共栄圏」教科書に書かれなかった戦争 part 2』内海愛子ほか（梨の木舎）／『アジア独立への道』田中正明（展転社）／『ひと目でわかる「アジア解放」時代の日本精神』水間政憲（ＰＨＰ研究所）／『アジアに生きる大東亜戦争』ＡＳＥＡＮセンター（編）（展転社）／『世界から見た大東亜戦争』名越二荒之助（編）（展転社）／『アジアの教科書に書かれた日本の戦争東南アジア編（教科書に書かれなかった戦争）』越田稜（梨の木舎）／『アジアの独立と「大東亜戦争」』西岡香織（芙蓉書房出版）／『教科書には載っていない大日本帝国の真実』武田知弘（彩図社）／『教科書には載っていない日本軍の謎』日本軍の謎検証委員会（彩図社）／『岩波講座近代日本と植民地〈4〉統合と支配の論理』大江志乃夫ほか（編）（岩波書店）／『岩波講座近代日本と植民地〈5〉膨張する帝国の人流』大江志乃夫ほか（編）（岩波書店）／『岩波講座近代日本と植民地〈6〉抵抗と屈従』大江志乃夫ほか（編）（岩波書店）／『岩波講座近代日本と植民地〈8〉アジアの冷戦と脱植民地化』大江志乃夫ほか（編）（岩波書店）／『昭和史の謎を追う〈上〉（文春文庫）』秦郁彦（文藝春秋）／『物語・日本人の占領（朝日選書（２６９））』津野海太郎（朝日新聞社）／『日本がつくったアジアの歴史―7つの視点』黄文雄ほか（総合法令出版）／『教科書が教えない歴史1～4』藤岡信勝ほか（産経新聞ニュースサービス）／『世界が語る大東亜戦争と東京裁判―アジア・西欧諸国の指導者・識者たちの名言集』吉本貞昭（ハート出版）／『これだけは知っておきたい大東亜戦争―20の最新基礎知識』日本会議事業センター（明成社）／『日本とアジアの大東亜戦争―侵略の世界史を変えた大東亜戦争の真実（もっと日本が好きになる親子で読む近現代史シリーズ〉』吉本貞昭（ハート出版）／『日本はなぜアジアの国々から愛されるのか』池間哲郎（扶桑社）／『教科書が教えない東南アジア タイ・マレーシア・インドネシア編』自由主義史観研究会（扶桑社）／『東南アジア占領と日本人―帝国・日本の解体（シリーズ戦争の経験を問う）』中野聡（岩波書店）／『指揮官（上・下巻）（文春文庫）』児島襄（文藝春秋）／『日本とのつながりで見るアジア　過去・現在・未来〈第3巻〉東南アジア（1）』木村宏一郎（岩崎書店）／『日本とのつながりで見るアジア過去・現在・未来〈第4巻〉東南アジア（2）』関根秋雄（岩崎書店）／『ぼくらの「侵略」戦争―昔あった、あの戦争をどう考えたらよいのか』宮崎哲弥ほか（洋泉社）／『アジア太平洋戦争と「大東亜共栄圏」1935―1945年（岩波講座東アジア近現代通史第6巻）』和田春樹ほか（編）（岩波書店）／『今なぜ戦後補償か（講談社現代新書）』高木健一（講談社）／『日本が戦ってくれて感謝していますアジアが賞賛する日本とあの戦争』井上和彦（産経新聞出版）／『パール判事の日本無罪論』田中正明（小学館）／『「アジア侵略」の100年―日清戦争からPKO派兵まで』木元茂夫（社会評論社）／『旧軍における捕虜の取扱い―太平洋戦争の状況を中心に―』立川京一（防衛研究所）／『国家公務員の初任給の変遷』（人事院）／『戦争と石油（1～3）』（JOGMEC石油・天然ガス資源情報）／『東京裁判における日本の東南アジア占領問題：検察側立証を中心に』梶居佳広（立命館大学）／『責任ラバウルの将軍今村均（ちくま文庫）』角田房子（筑摩書房）／『日本占領期インドネシア研究』後藤乾一（龍溪書舎）／『日本軍政とインドネシア独立（1977年）（早稲田大学社会科学研究所翻訳選書）』ジョージ・S．カナヘレ（鳳出版）／『インドネシアの人々が証言する日本軍政の真実―大東亜戦争は侵略戦争ではなかった。（シリーズ日本人の誇り6）』桜の花出版編集部（編）（桜の花出版）／『日本占領下のジャワ農村の変容』倉沢愛子（草思社）／『ジャカルタ夜明け前―インドネシア独立に賭けた人たち』阿羅健一（勁草書房）／『証言集―日本軍占領下のインドネシア』インドネシア日本占領期史料フォーラム（竜渓書舎）／『大東亜戦争とインドネシア―日本の軍政』加藤裕（朱鳥社）／『インドネシア侵略と独立（アジアの声）』戦争犠牲者を心に刻む会（編）（東方出版）／『インドネシア紀行―親日の炎の中へ』中村粲（編）（展転社）／『スカルノ―

インドネシア「建国の父」と日本（歴史文化ライブラリー）』後藤乾一ほか（吉川弘文館）／『ふたつの紅白旗—インドネシア人が語る日本占領時代』インドネシア国立文書館（木犀社）／『ハッタ回想録』モハマッド・ハッタ（めこん）／『スマトラの夜明け—アジア解放戦秘話』総山孝雄（講談社）／『昭和期日本とインドネシア—1930年代「南進」の論理・「日本観」の系譜』後藤乾一（勁草書房）／『インドネシアにおける「創られた伝統」の萌芽と制度化の端緒：日本占領期ジャワにおけるコドン・ロヨン（相互扶助）をめぐって』小林和夫（京都大学）／『インドネシアにおける日本軍政の功罪』芳賀美智雄（防衛研究所）／『初期インドネシア独立革命と日本外交官』後藤乾一／『フィリピン近現代史のなかの日本人：植民地社会の形成と移民・商品』早瀬晋三（東京大学出版会）／『物語フィリピンの歴史—「盗まれた楽園」と抵抗の500年（中公新書）』鈴木静夫（中央公論社）／『フィリピン革命とカトリシズム』池端雪浦（勁草書房）／『フィリピン少年が見たカミカゼ—幼い心に刻まれた優しい日本人たち（シリーズ日本人の誇り7）』ダニエル・H．ディソン（桜の花出版）／『殺した殺された—元日本兵とフィリピン人200人の証言』石田甚太郎（径書房）／『フィリピンBC級戦犯裁判（講談社選書メチエ）』永井均（講談社）／『ホセ・P．ラウレル博士戦争回顧録』ホセ・P．ラウレル（日本教育新聞社）／『フィリピン歴史研究と植民地言説』レイナルド・C．イレート（めこん）／『未完のフィリピン革命と植民地化（世界史リブレット）』早瀬晋三（山川出版社）／『フィリピンの歴史教科書から見た日本』佐藤義朗（編）（明石書店）／『フィリピンの社会・歴史・政治制度（明石ライブラリー）』萩野芳夫（明石書店）／『日本占領下のフィリピン』池端雪浦（岩波書店）／『運命の山下兵団—フィリピン作戦の実相』栗原賀久（講談社）／『日本のフィリピン占領—インタビュー記録（南方軍政関係史料（15））』日本のフィリピン占領期に関する史料調査フォーラム（竜渓書舎）／『マッカーサー—フィリピン統治から日本占領へ（中公新書）』増田弘（中央公論新社）／『布引丸—フィリピン独立軍秘話』木村毅（恒文社）／『フィリピン独立の祖アギナルド将軍の苦闘』渡辺孝夫（福村出版）／『三木清と日本のフィリピン占領』平子友長（一橋大学機関リポジトリ）／『踏みにじられた南の島レイテ・フィリピン（ドキュメント太平洋戦争）』NHK

取材班（編）（角川書店）／『レイテ戦記（上・中・下巻）（中公文庫）大岡昇平（中央公論新社）／『日本軍はフィリピンで何をしたか（アジアの声）』戦争犠牲者を心に刻む会（編）（東方出版）／『物語ビルマの歴史―王朝時代から現代まで（中公新書）』根本敬（中央公論新社）／『アウンサン将軍と三十人の志士―ビルマ独立義勇軍と日本（中公新書）』ボ・ミンガウン（中央公論社）／『ビルマの夜明け―バー・モウ（元国家元首）独立運動回想録』バー・モウ（太陽出版）／『ビルマ独立秘史―その名は南機関』泉谷達郎（徳間書店）／『秘録・ビルマ独立と日本人参謀：野田毅陣中日記』溝口郁夫（国書刊行会）／『アウン・サン―封印された独立ビルマの夢（現代アジアの肖像13）』根本敬（岩波書店）／『ビルマ独立に命をかけた男たち』遠藤順子（PHP研究所）／『ビルマ独立への道―バモオ博士とアウンサン将軍（15歳からの「伝記で知るアジアの近現代史」シリーズ）』根本敬（彩流社）／『ビルマ作家たちの「日本時代」』南田みどり（大阪大学）／『日本のシンガポール占領―証言＝「昭南島」の三年半』リー・ギョク・ボイ（凱風社）／『シンガポール華僑粛清―日本軍はシンガポールで何をしたのか』林博史（高文研）／『シンガポール近い昔の話1942～1945―日本軍占領下の人びとと暮らし』シンガポールヘリテージソサエティ（編）（凱風社）／『マレー・シンガポール作戦（秘蔵写真で知る近代日本の戦歴）』森山康平（フットワーク出版）／『シンガポール捕虜収容所（世界人権問題叢書）』杉野明（明石書店）／『マラヤの日本軍―ネグリセンビラン州における華人虐殺』高嶋伸欣ほか（編）（青木書店）／『山下奉文―昭和の悲劇』福田和也（文藝春秋）／『物語シンガポールの歴史（中公新書）』岩崎育夫（中央公論新社）／『マレーシア・シンガポール華人史概説』唐松章（鳳書房）／『シンガポールの日本人社会史―「日本小学校」の軌跡』西岡香織（芙蓉書房出版）／『父たちの大東亜戦争　戦地シンガポール・スマトラの意外な日々』堤寛（幻冬舎ルネッサンス）／『ハリマオ―マレーの虎、六十年後の真実』山本節（大修館書店）／『マレーの虎ハリマオ伝説（文春文庫）』中野不二男（文藝春秋）／『神本利男とマレーのハリマオ―マレーシアに独立の種をまいた日本人』土生良樹（展転社）／『地図からみた東南アジアへの華人の移住とチャイナタウンの形成』山下清海（東洋大学）／『革命家チャンドラ・ボース―祖国解放に燃えた英雄の生涯（光人社NF文庫）』稲垣武（潮書房光人社）／『インド独立史（中公新書298）』森本達雄（中央公論新社）／『ガンディーーインド独立への道』バール・ラームナンダ（第三文明社）／『インド独立ー逆光の中のチャンドラ・ボース』長崎暢子（朝日新聞社）／『インパールを越えてーF機関とチャンドラ・ボースの夢』国塚一乗（講談社）／『F機関ーアジア解放を夢みた特務機関長の手記ー』藤原岩市（バジリコ）／『中村屋のボースーインド独立運動と近代日本のアジア主義（白水Uブックス）』中島岳志（白水社）／『英国紳士の植民地統治ーインド高等文官への道（中公新書）』浜渦哲雄（中央公論社）／『証言記録大東亜共栄圏ービルマ・インドへの道（1976年）』森山康平ほか（新人物往来社）／『責任なき戦場ビルマ・インパール（ドキュメント太平洋戦争）』NHK取材班（角川書店）／『インド国民軍ーもう一つの太平洋戦争（1985年）（岩波新書）』丸山静雄（岩波書店）／『インド国民軍を支えた日本人たちー日本ガ感謝サレズトモ独立達成ナラバ本望ナリ』伊藤啓介ほか（明成社）／『知られざるインド独立闘争ーA・M・ナイル回想録』A．M．ナイル（風濤社）／『インド独立の志士と日本人ーアジア精神再興の潮流』原嘉陽（展転社）／『同盟国タイと駐屯日本軍ー「大東亜戦争」期の知られざる国際関係』吉川利治（雄山閣）／『物語タイの歴史ー微笑みの国の真実（中公新書1913）』柿崎一郎（中央公論新社）／『日本占領下タイの抗日運動ー自由タイの指導者たち』市川健二郎（勁草書房）／『隠れた名将飯田祥二郎南部仏印・タイ・ビルマ進攻と政戦略』未里周平（文芸社）／『タイの歴史（世界の教科書シリーズ）』中央大学政策文化総合研究所（明石書店）／『地図がつくったタイ（明石ライブラリー）』トンチャイウィニッチャクン（明石書店）／『タイ現代史への一証言（東南アジアブックスータイの社会）』プオイ・ウンパーコーン（井村文化事業社）／『泰緬鉄道ー機密文書が明かすアジア太平洋戦争』吉川利治（雄山閣）／『泰緬鉄道と日本の戦争責任ー捕虜とロームシャと朝鮮人と』ハンクネルソンほか（明石書店）／『ピブーンー独立タイ王国の立憲革命（現代アジアの肖像9）』村嶋英治（岩波書店）／『タイの鉄道と米輸送1941～1957年：輸送力不足と東北部』柿崎一郎（京都大学

著者紹介
小神野真弘（おがみの・まさひろ）
1985 年生まれ。
ライター、フォトグラファー。日本大学藝術学部卒。在学中から活動を始め、アジア、アフリカ、中南米、国内のマイノリティや芸術、歴史、文化を中心に取材・撮影・執筆を行なう。近著に『ＳＬＵＭ　世界のスラム街探訪』『歴史の授業で教えない大日本帝国の謎』（ともに彩図社）がある。

アジアの人々が見た太平洋戦争

平成 30 年 11 月 9 日　第 1 刷

著　者　小神野真弘

発行人　山田有司

発行所　株式会社　彩図社《さいずしゃ》

〒 170-0005　東京都豊島区南大塚 3-24-4 ＭＴビル
TEL:03-5985-8213
FAX:03-5985-8224

印刷所　新灯印刷株式会社

URL：http://www.saiz.co.jp
Twitter：https://twitter.com/saiz_sha

　ISBN978-4-8013-0334-8 C0195

本書は 2015 年 4 月に刊行された同名の書籍を文庫化したものです。